हाथ की बनावट

(चमत्कारी हस्तरेखाओं का प्रथम भाग)

SHAPE OF THE HAND

विश्वप्रसिद्ध पुस्तक 'शेप ऑफ दी हैंड' का हिन्दी अनुवाद

पंडित वी. के. शर्मा
(ज्योतिष, अंक, हस्तरेखा एवं वास्तुशास्त्र विशेषज्ञ)

डायमंड बुक्स

ISBN : 978-81-288-2392-3

प्रकाशक	:	**डायमंड पॉकेट बुक्स (प्रा.) लि.** X-30, ओखला इंडस्ट्रियल एरिया, फेज-II नई दिल्ली-110020
फोन	:	011-41611861, 40712100
फैक्स	:	011-41611866
ई-मेल	:	sales@dpb.in
वेबसाइट	:	www.dpb.in
संस्करण	:	2011
मुद्रक	:	आदर्श प्रिंटर्स, शाहदरा, दिल्ली - 32

HATH KI BANAWAT
by : Pt. V.K. Sharma

समर्पित

यह पुस्तक स्वर्गीय श्री श्री 1008
बाल ब्रह्मचारी, वंशीधरजी विरकावाले
जो इस संसार में 'स्थूल' रूप में विराजमान हैं,
जो हर समय मेरे साथ ऊर्जा के स्वरूप में रहते हैं।
मुझे जीवन दान देने वाले, हर विषम परिस्थितियों में
मेरा मार्गदर्शन करने वाले, मेरे ज्ञान रूपी
ऊर्जा के संचालन की एकमात्र शक्ति
ज़िसके कारण मेरे माध्यम से यह पुस्तक
लिखी गई है, को सादर समर्पित करता हूँ।

–पंडित वी. के. शर्मा

Website: www.vicroo.com

लेखक परिचय

पंडित वी.के. शर्मा प्रसिद्ध अंक, हस्तरेखा, ज्योतिष एवं वास्तुशास्त्र विशेषज्ञ हैं इनकी पुस्तकें 'मैजिक ऑफ नम्बर', 'आकल्ट लाइंस ऑन दी हैंड', 'शेप ऑफ दी हैंड', 'चमत्कारी ज्योतिष' 'चमत्कारी वास्तु', 'चमत्कारी हस्तरेखाएं' आदि बहुत प्रचलित हैं। पंडित जी ने अपने 36 वर्षों के गहन अध्ययन से शोध का कार्य भी किया है जो इनकी पुस्तकों में देखने को मिलता है। अंक विद्या में इन्होंने 'ग्राफिक्स' नाम के साइकलिक कर्व की खोज कर अंक विद्या को नया साइंटिफिक आधार दिया है। इन्होंने इसी ग्राफिक्स कर्व द्वारा, अंकों के आधार पर बहुत-सी भविष्यवाणियाँ कीं जो एकदम सही निकलीं। जिनमें सबसे महत्त्वपूर्ण भविष्यवाणी प्रधानमंत्री स्वर्गीय इंदिरा गांधी की थी, जो उनकी मौत के लगभग साढ़े चार वर्ष पूर्व उत्तर भारत के अखबार के मुख्य पृष्ठ पर छपी थी।

वर्ष 1981 में दिल्ली में हुए विश्व ज्योतिष सम्मेलन में ज्योतिषियों की भविष्यवाणियों को इन्होंने चुनौती दी थी और इनकी लगभग सभी भविष्यवाणियाँ प्रसिद्ध अखबारों में छपी थीं, जो समय आने पर सही सिद्ध हुईं। इनकी भविष्यवाणियों की सबसे बड़ी विशेषता है कि वह पूर्ण रूप से अंकों पर आधारित हैं, जो स्वयं में एक विज्ञान है और परिणाम सिद्ध करने में सक्षम है।

वर्ष 2001 अक्टूबर में उन्होंने उत्तर भारत के प्रसिद्ध अखबार में अंकों के आधार पर विश्व कुंडली दर्शाते हुए यह भविष्यवाणी की थी कि "अमेरिका पर शनि की साढ़ेसाती चल रही है जो 6 जनवरी 2000 से प्रारम्भ हुई है। अमेरिका के लिए नुकसानदायक है।" इसी अवधि में अमेरिका के ट्रेड सेंटर पर हमला हुआ आदि।

पंडित शर्मा ने यह भी लिखा था कि शुरू में तो अमेरिका के साथ सभी देश होंगे परंतु बाद में अमेरिका को अधिकतर देशों की मदद नहीं मिलेगी जो

कि खाड़ी युद्ध से पूर्व में ही सिद्ध हो गई थी। अधिकतर देश अमेरिका की इस कार्यवाही के पक्ष में नहीं थे।

"खाड़ी युद्ध के दौरान संपादक के पास लोगों के हजारों पत्र प्राप्त हुए कि इस युद्ध के बारे में पंडित जी से कहें कि वह भविष्यवाणी करें।"

पंडित जी ने अंकों के आधार पर भविष्यवाणी कुछ इस प्रकार की, जो अखबार में पुनः छापी गई। उन्होंने लिखा कि अमेरिका के राष्ट्रपति जॉर्ज डब्ल्यू बुश की जन्म की दिनांक है, 6-7-1946, इंग्लैंड के प्रधानमंत्री टोनी ब्लेयर की 6-5-1953 और सद्दाम हुसैन की 28-4-1937, बुश एवं ब्लेयर का 'की' अंक है 6 एवं सद्दाम का है 1, जिनमें आपस में विषयोग है, दूसरा सद्दाम हुसैन की आयु है (2003-1937 = 66) (खाड़ी युद्ध के दौरान चल रही थी), 66 वर्ष में एक 6 है बुश और दूसरा 6 है ब्लेयर, यही इसकी मौत का कारण बनेंगे लेकिन यदि सद्दाम 28 अप्रैल पार कर गए तो आयु हो जाएगी 67, तब खतरा टल जाएगा। 28 अप्रैल के बाद युद्ध समाप्त हो गया, सद्दाम हुसैन बच निकले लेकिन वर्ष 2006 में पुनः 6 के अंक ने अपना असर दिखाया और सद्दाम की मौत का कारण बन गया। इसके अलावा बहुत-सी भविष्यवाणियाँ जो उन्होंने की थीं, उनमें से कुछ इस पुस्तक के अंत में दर्शायी गई हैं।

पंडित वी. के. शर्मा

G-4059 (Pent House)

गौड़ ग्रीन सिटी, इंदिरापुरम,

गाजियाबाद (उ. प्र.)

फोन : 09313771879

0120-3206440

Website: www.vicroo.com

विषय सूची

तृतीय भाग

उंगली के पोरों पर चिह्नों का महत्त्व

चतुर्थ भाग

पुस्तक की विशेषताएँ

पुस्तक की सबसे बड़ी विशेषता है कि लेखक ने 36 वर्षों तक गहन अध्ययन के साथ-साथ व्यावहारिक रूप में हस्तरेखा विज्ञान से हजारों लोगों के हाथों पर लिखे उनके पूर्व जन्म के कर्मों का लेखा-जोखा पढ़ा उनके बारे में भविष्यवाणियाँ कीं और उनकी समस्याओं का निदान करने के उपरान्त पुस्तक को लिखा।

पाठकों के ज्ञान एवं रुचि को ध्यान में रखते हुए हस्तरेखा विज्ञान पर बहुत ही सरल भाषा में अनेक चित्रों के साथ समझाने का प्रयास किया है। कोई भी व्यक्ति इस पुस्तक को पढ़कर सरलता से इस विषय में ज्ञान प्राप्त कर सकता है।

दूसरी इस पुस्तक की विशेषता है कि हथेली पर बने कुछ ऐसे चिह्नों को दर्शाया गया है जो व्यक्ति के भाग्य को पलट कर रख देते हैं। व्यक्ति की प्रसिद्धि, धन-दौलत, मान-सम्मान आदि सभी इन अद्‌भुत ब्रह्मांडीय चिह्नों की ही देन हैं जिन पर विद्यार्थी अक्सर हस्तरेखाएं देखते समय ध्यान नहीं देते।

इस पुस्तक में वृत्त (Circle); धब्बे (Spot), त्रिभुज (Triangle), वर्ग (Square), द्वीप (ice-land), क्रॉस (Cross), जाली (Grile) इत्यादि का महत्त्व हाथ में दर्शाया गया है।

यह पुस्तक हाथ की बनावट में हाथ कैसा है, उंगलियाँ कैसी हैं, इन पर किस प्रकार के चिह्न हैं, इसको 'चीरोगामी' कहते हैं। यह पुस्तक का प्रथम भाग है।

इस पुस्तक का दूसरा भाग है 'चमत्कारी हस्तरेखाएं' इसमें हथेली पर बनी रेखाएं एवं चिह्नों का वर्णन किया गया है। पुस्तक के इस भाग को 'चीरोलाजी' कहते हैं। इस पुस्तक को पढ़ने के उपरान्त पाठकों की इस विषय से जुड़ी भ्रांतियाँ दूर हो जाएंगी।

कर्म-धर्म, ज्योतिष, आधुनिक विज्ञान और हस्तरेखाएं

कर्म-धर्म - प्रत्येक प्राणी का जन्म उसके पूर्व जन्म के कर्मों के अनुसार ही होता है। पूर्व जन्म के शुभ-अशुभ कर्मों के फलों का भुगतान प्राप्त करने के लिए ही उसका जन्म अच्छे या बुरे स्थान पर अर्थात् अमीर या गरीब के घर में होता है। पृथ्वी एक कर्मभूमि है जहाँ व्यक्ति जन्म के उपरान्त अपने शुभ-अशुभ कर्मों के फल अनुसार ही अपने जीवन को व्यतीत करता है। शुभ कार्य करने पर शुभ और अशुभ कार्य करने पर अशुभ फल भोगता है। यही कारण है कि एक व्यक्ति ऊँचे परिवार में पैदा होकर लेकिन अशुभ कार्य करके उनके अशुभ फलों की प्राप्ति अनुसार जेल तक चला जाता है जब दूसरा व्यक्ति गरीब परिवार में पैदा होकर भी, शुभ कार्यों को करते हुए प्रसिद्ध व सम्माननीय पद प्राप्त कर लेता है।

ज्योतिष - व्यक्ति के जन्मोपरान्त उसके अनेक बुरे कर्मों के फलों के भुगतान का कार्य ग्रह करते हैं। शुभ ग्रह उसके शुभ फलों का भुगतान करते हैं और अशुभ ग्रह उसके अशुभ फलों का भुगतान करते हुए उसको प्रताड़ित करते हैं, अर्थात् उसका रोजगार छीनकर, व्यापार बन्द कराकर और किसी अपराध में जेल भिजवा देते हैं। व्यक्ति चाहे अमीर घर में जन्म ले या गरीब घर में वह मुट्ठी में बंद शुभ-अशुभ कर्मों के फलों का भुगतान ग्रहों के माध्यम से अवश्य ही प्राप्त करता है।

आधुनिक विज्ञान - आज का युग आधुनिक युग है। विज्ञान ने बड़ी उन्नति कर ली है। टेस्ट ट्यूब द्वारा बच्चे तक उत्पन्न कराए जा रहे हैं। वैज्ञानिकों ने एक ही क्लोन (clon) उत्सर्जित अंडे (Fertile egg) से एक ही शक्ल के कई बच्चे पैदा कराने का दावा किया है। आजकल बच्चों का जन्म अधिकतर नर्सिंग होम या अस्पताल में होता है और अधिकतर बच्चे ऑपरेशन से ही पैदा होते हैं। डॉक्टर ऑपरेशन की तारीख व समय देते हैं जिसमें ऑपरेशन करवाकर स्त्री बच्चे को जन्म दे सकती है।

आज की मॉडर्न स्त्रियाँ बच्चे के जन्म के पूर्व ही पंडितों से पूछकर बच्चे की जन्म कुण्डली बनवा लेती हैं और डॉक्टर से कुण्डली में दिए समय अनुसार ही बच्चा पैदा होने की इच्छा जताती हैं। डॉक्टर भी जन्म कुण्डली के दिए दिन व समय अनुसार ऑपरेशन करके लगभग ठीक इसी समय में स्त्री को बच्चा पैदा करा देते हैं। बच्चे की कुण्डली पूर्व में ही बनी होती है जिसको पंडित जी ने ऐसा समय निकालकर बनाया होता है कि बच्चा परिवार के लिए बहुत शुभ होगा, बहुत धन कमाएगा एवं माँ-बाप का नाम रौशन करेगा, इत्यादि। इसका मतलब हुआ कि प्रत्येक व्यक्ति अपनी इच्छानुसार संतान को जन्म देकर अपने पूर्व जन्म के कर्मों से प्राप्त होने वाले फलों को चुनौती दे रहा है अर्थात् सृष्टि के बनाए नियमों का उल्लंघन कर अपने पूर्व जन्मों के कर्मों से मुक्त हो जाएगा, ऐसा कभी संभव नहीं होगा। वह कुण्डली तो समय अनुसार बनवा सकता है लेकिन हाथ की रेखाएं नहीं बनवा सकता जो उसके कर्मों का वास्तविक लेखा-जोखा है।

हाथ की रेखाएं और उन पर बने चिह्न - भगवान ब्रह्मा सृष्टि के रचयिता को पूर्व में ही ज्ञात था कि पृथ्वी पर व्यक्ति विज्ञान के आधुनिक उपकरणों को खोजकर व्यक्ति के पूर्व जन्म के कर्मों के फलों की प्राप्ति में अपना हस्तक्षेप अवश्य करेगा इसलिए ब्रह्मा ने व्यक्ति के पूर्व जन्म के कर्मों के फलों को ब्रह्माण्डीय ऊर्जा विज्ञान के साथ जोड़ दिया था ताकि जब बच्चा पैदा हो तो उसके पूर्व जन्म के कर्मों के फल भाग्य के रूप में उसकी हथेली पर छप जाए जिसमें कोई भी परिवर्तन न कर पाए।

यही कारण है कि एक ही समय में पैदा हुए दो जुड़वा बच्चों की कुण्डली तो एक होती है पर उनके हाथ की रेखाएं उनके पूर्व कर्म अलग-अलग होने के कारण एक-दूसरे से भिन्न होती हैं, जिस कारण उनके जीवन में होने वाली घटनाएं भी एक-दूसरे से भिन्न होती हैं। यदि कोई ऑपरेशन से हथेली की चमड़ी उतरवा दे तो भी यह रेखाएं पुनः उसी रूप में ठीक उसी तरफ उभर आती हैं। अर्थात् भगवान ने व्यक्ति के हाथ में एक ऐसा सॉफ्टवेयर डाल दिया है जिसका डाटा कोई भी व्यक्ति उसकी इच्छा के बिना नहीं बदल सकता और जिसकी भाषा हस्तरेखा विशेषज्ञ ही पढ़ सकता है।

पृथ्वी एक कर्मभूमि है जहाँ व्यक्ति के अच्छे-बुरे कर्मों का भुगतान होता है। यदि वह धर्म-कर्म करता है, ईमानदारी से मेहनत करता है तो उसकी हथेली पर छोटी परिवर्तनीय रेखाओं में परिवर्तन होने लगता है। शुभ चिह्न हथेली पर बनने लगते हैं और जब वह नीच कर्म करता है तो नीच कर्मों के फल दिलाने

के लिए अशुभ चिह्न हथेली में उभरने लगते हैं या यूं कहिए कि हाथ से किए गए अच्छे-बुरे कर्मों के फलों के भुगतान अनुसार हाथ पर अच्छे-बुरे चिह्न दिखाई देते हैं या फिर समाप्त हो जाते हैं। जिस समय बच्चा पैदा होता है उसकी मुट्ठी बंद होती है पर जब व्यक्ति की मौत होती है तो उसकी मुट्ठी खुली होती है, हाथ खुला होता है, शरीर पीला पड़ने लगता है और हाथ की रेखाएं हथेली से गायब हो जाती हैं।

सारांश - सबसे महत्त्वपूर्ण व्यक्ति का हाथ है जिसमें पूर्व जन्म के कर्मों का नक्शा हथेली पर रेखाओं व चिह्नों द्वारा चिह्नित होता है। शुभ एवं अशुभ रेखाओं एवं चिह्नों के फलों का भुगतान शुभ-अशुभ ग्रहों द्वारा अपनी दिशाओं में किया जाता है जो ज्योतिष द्वारा जाना जाता है यदि आपके हाथ में शुभ रेखाएं नहीं हैं अर्थात् शुभ कर्मों का लेखा-जोखा (एकाउंट) नहीं है तो शुभ ग्रहों की दिशाओं में भी आपको शुभ फल प्राप्त नहीं होंगे और यदि हथेली पर बुरे चिह्न नहीं हैं तो बुरे ग्रहों की दिशाओं में भी आपका कुछ बुरा नहीं होता।

कुण्डली में ग्रह - ग्रह एक निश्चित समय अवधि अनुसार ही अपना फल प्रदान करते हैं जिनमें परिवर्तन की अधिक गुंजाइश नहीं होती। लेकिन हथेली पर बनी अशुभ रेखाओं और चिह्नों में व्यक्ति के धर्म-कर्म, दान-पुण्य एवं गुरुओं के आशीर्वाद से परिवर्तन होने लगता है और शुभ चिह्न उभरने लगते हैं जो उन्हें शुभ फल दिलाते हैं। इसके विपरीत यदि वह बुरे कर्म करता है तो बुरे चिह्न हथेली पर उभरकर उसको प्राप्त होने वाले शुभ फलों पर रोक लगा देते हैं।

प्रथम भाग

हाथ की बनावट

ग्रन्थियों की कुण्डली

(Endocrino Horoscope)

हाथ पर ग्रन्थियों की कुण्डली दिखाई जा रही है, वास्तव में यह ग्रन्थियां नहीं ग्रह हैं। आज से हजारों वर्ष पूर्व उस समय के वैज्ञानिकों अर्थात् ऋषि-मुनियों ने अपनी ज्योतिष विज्ञान के माध्यम से व्यक्ति के हाथों पर ग्रहों

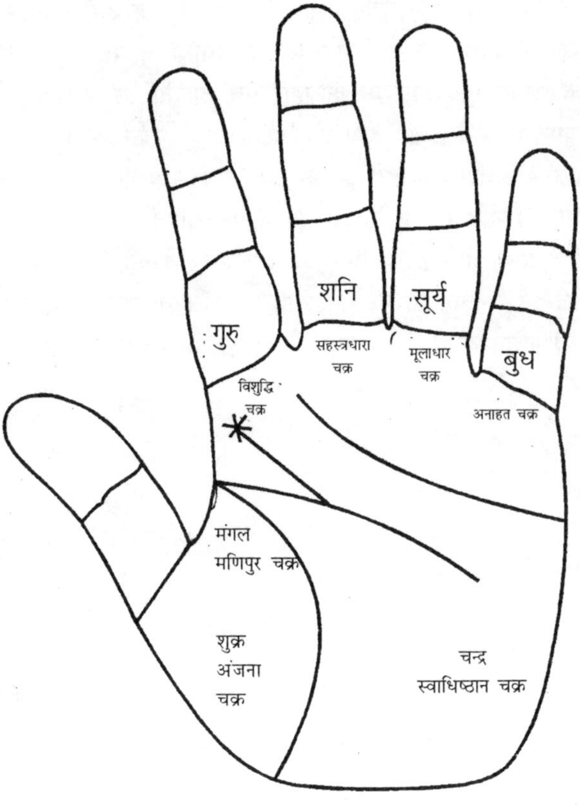

को स्थापित कर मनुष्य के शरीर पर पड़ने वाले प्रभाव को जान लिया था। उनकी यह साइंस आज भी इतनी एडवांस है कि व्यक्ति की जन्म कुण्डली में ग्रहों की स्थिति देखकर व्यक्ति की बीमारियों के बारे में जान लिया जाता है और उसको ठीक करने के उपाए बताए जाते हैं।

मनोवैज्ञानिक का यह मानना है कि व्यक्ति का व्यवहार, संयम, उत्तेजना, ज्ञान, याददाश्त, मूर्खता, चालाकी, सेक्स, धार्मिक या आपराधिक प्रवृत्ति का होना उसके हाथों की ग्रन्थियों पर निर्भर करता है। एक ज्योतिषी इन ग्रन्थियों को इनके वास्तविक स्वरूप ग्रहों के रूप में देखता है और उसके विषय में जान लेता है। एक योगी इन्हीं ग्रन्थियों अथवा ग्रहों को चक्रों के रूप में देखता है।

हस्तरेखा विज्ञान में हाथ पर बने ग्रन्थियों के स्थान को ग्रहों के रूप में जाना जाता है और हाथ को देखते ही इन सब ग्रन्थियों अर्थात् ग्रहों की पहचान हो जाती है। व्यक्ति का हाथ देखने पर उस पर उभरे हुए स्थानों को देखते ही पता चल जाता है कि इसके कौन से पर्वत (mounts) उठे हुए हैं और कौन से दबे हुए हैं। यहाँ पर इन पर्वतों को ग्रहों से सम्बोधित किया जा रहा है ताकि ग्रहों के व्यवहार के अनुरूप व्यक्ति के व्यवहार एवं आदतों के बारे में आसानी से जानकारी प्राप्त हो सके। यदि हाथ पर ग्रहों सम्बन्धी पर्वत उठे हुए हैं तो व्यक्ति उनके प्रभाव में अवश्य रहता है अर्थात् ग्रहों के शुभ प्रभाव का व्यक्ति पर शुभ प्रभाव पड़ता है। यदि यह पर्वत दबे हुए हैं तो व्यक्ति पर शुभ ग्रहों के प्रभाव कम मात्रा में प्राप्त होते हैं या फिर बुरे प्रभाव देखने को मिलते हैं। इन पर्वतों के प्रभाव देखने से पूर्व इन पर बने चिह्न भी अवश्य देख लेने चाहिए जो इन पर्वतों को प्रभावित करते हैं। पुस्तक के अगले अध्यायों में इनका पूर्ण रूप से वर्णन किया गया है।

हाथ की बनावट

(Shape of the Hand)

जीवन में व्यक्ति की सफलता उसके हाथ की बनावट पर बहुत निर्भर करती है। वही व्यक्ति जीवन में सफलता की ऊँचाइयों को छू पाता है जो अपने हाथ की बनावट के अनुकूल कार्य करता है अर्थात् हाथ की बनावट अनुसार अपने कार्य क्षेत्र को चुनता है। दुर्भाग्यवश जो व्यक्ति अपने हाथ से जुड़े कार्यों को न करके उससे विपरीत कार्यों का चयन करते हैं वह बहुत कठिन परिश्रम करने के उपरान्त भी जीवन में सफल नहीं हो पाते और अपने भाग्य को कोसते रहते हैं।

पृथ्वी पर व्यक्ति का जन्म एक विशेष प्रकार के कार्य को करने के लिए हुआ है और व्यक्ति का हाथ उसके कार्यों को अंजाम तक पहुँचाने में अहम भूमिका निभाता है। वह व्यक्ति भाग्यशाली होते हैं जिन्हें कार्य उनके हाथ के अनुकूल मिल जाता है। वह कम परिश्रम करके ही जीवन में सफलता की ऊँचाई को छू जाते हैं और जो अपने हाथ की बनावट के अनुकूल कार्य नहीं कर पाते उन्हें जीवन भर कठिन परिश्रम करने के उपरान्त भी सफलता प्राप्त नहीं हो पाती अर्थात् यूँ समझें कि उनका सारा जीवन व्यर्थ ही चला जाता है। उदाहरण के तौर पर, यदि किसी व्यक्ति का हाथ मुलायम है और उंगुलियाँ पतली, लम्बी व आगे से नुकीली सी हैं तो उसका हाथ ड्राईंग, पेंटिंग व कला से जुड़ा हुआ है। यदि यह व्यक्ति पहलवानी शुरू कर दे तो कभी कामयाब नहीं होगा। इसी प्रकार बड़ी उंगुलियों वाला बड़ा हाथ, सख्त जिसमें लचीलापन न हो, आर्ट पेंटिंग का कार्य करेगा तो कभी सफल नहीं होगा। इसी प्रकार अन्य कार्यों से जुड़े हाथ हैं जिन्हें एक विशेष प्रकार की श्रेणी में रखा गया है जो निम्न प्रकार से है-

1. निम्नतम श्रेणी के हाथ (Elementry Hand)
2. वर्गाकार हाथ (Square Hand)
3. चमचाकार हाथ (Spatulate Hand)
4. गांठदार अथवा दार्शनिक हाथ (Knotty or Philosophic Hand)
5. कलात्मक अथवा नुकीले हाथ (Conic or Artistic Hand)

6. आदर्श हाथ (Idealistic Hand)

7. मिश्रित हाथ (Mixed Hand)

जिस प्रकार ब्रह्माण्ड सात प्रकार की ऊर्जा पर टिका है संगीत का मुख्य आधार सात स्वर हैं, सप्ताह के सात दिन हैं, जो मुख्य रूप से सात ग्रहों सूर्य, चन्द्र, मंगल, बुध, बृहस्पति, शुक्र, शनि का प्रतिनिधित्व करते हैं। इन्द्रधनुष (Vibgyor) के सात रंग हैं, योग अनुसार शरीर में सात प्रकार के चक्र हैं व मेडिकल साइंस अनुसार शरीर में सात प्रकार की ग्रंथियां (Glands) हैं। इसी प्रकार से हस्त रेखा विज्ञान में सात प्रकार की बनावट वाले हाथ होते हैं जिनकी विशेषताएँ निम्न प्रकार से हैं।

1. **निम्नतम श्रेणी के हाथ** (The Elementry Hand) - इस प्रकार के हाथ अधिकतर आकार में छोटे, बहुत सख्त, गठीले और बिना लचक वाले होते हैं। इस प्रकार के हाथों पर मस्तिष्क व हृदय रेखा दिखने में गहरी जगह-जगह से हल्की, मिटी हुई सी होती है और भाग्य रेखा अधिकतर होती ही नहीं यदि होती भी है तो बहुत हल्की होती है। इस प्रकार के हाथ अधिकतर निचले पहाड़ी इलाकों में देखने को मिलते हैं जैसे कि नेपाल, गढ़वाल और बहुत पिछड़े हुए गाँव। इस प्रकार के हाथ जानवरों को पालने, घर में नौकर के रूप में घरेलू कार्य करने, चौकीदारी करने, होटलों में साफ-सफाई आदि से जुड़े कार्य करने वाले होते हैं। इस प्रकार के हाथ वाले लोग साधारण, बिना दिमाग वाले, कठिन कार्य करने में माहिर होते हैं। यदि इनके हाथ की मस्तिष्क रेखा नीचे की ओर अर्थात् चन्द्र पूर्व की ओर मुड़ी हुई हो, तब यह बहुत अधिक जिद्दी व आपराधिक प्रवृत्ति के होते हैं, यह हमेशा अपनी इच्छाओं की पूर्ति के विषय में सोचते रहते हैं। यह अपना जीवन जानवरों की तरह व्यतीत करते हैं। केवल खाना, पीना, सोना और मर जाना।

2. **वर्गाकार अथवा उपयोगी हाथ** (Square or the useful Hand) - इस प्रकार के हाथ कलाई की तरफ, उंगलियों की तरफ, अंगूठे की तरफ व चन्द्र पर्वत की दिशा से लगभग चौरस अर्थात् वर्गाकार दिखते हैं। यह टैक्नीकल लोगों के हाथ होते हैं जो कि सभी प्रकार के देशों, जातियों व प्रजातियों में पाए जाते हैं। चारों तरफ से एक समान दिखने वाले यह हाथ जिन व्यक्तियों के होते हैं वह सभी प्रकार के क्षेत्रों में सामान्य ज्ञान रखते हैं और अपनी समझ बूझ से हर प्रकार के विषय को जान लेते हैं। इन व्यक्तियों की रुचि इनके हाथ की उंगलियों की बनावट, उंगलियों के प्रथम पोर (Tips) की बनावट एवं मस्तिष्क रेखा के झुकाव (Slope) पर निर्भर करती है। इस प्रकार के हाथ वाले व्यक्ति

निम्नतम श्रेणी के हाथ

(Elementry Hand)

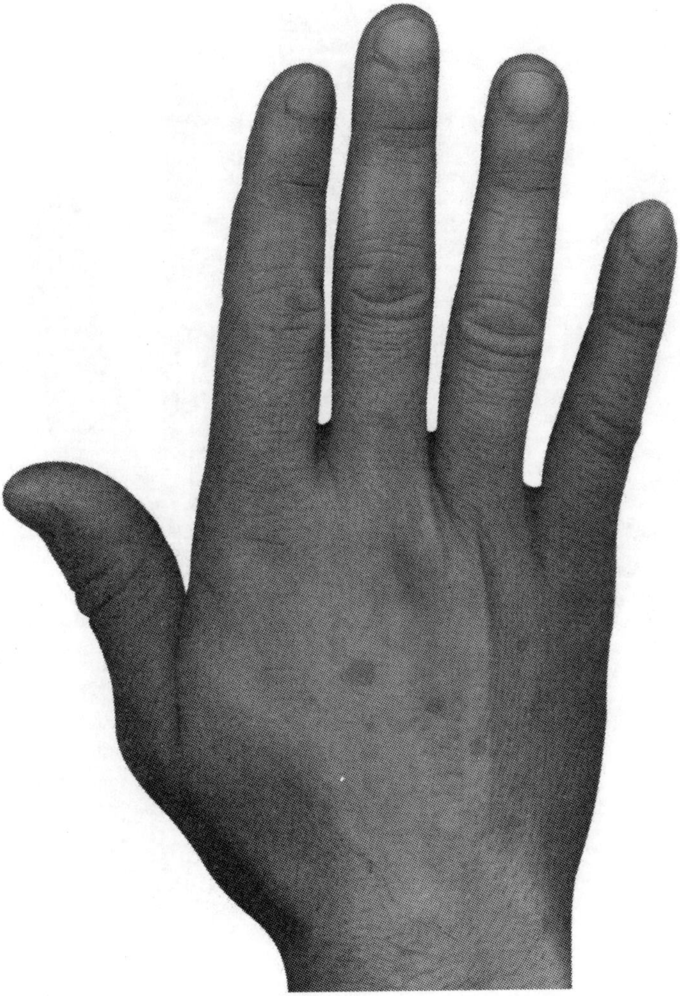

चित्र - 1

वर्गाकार हाथ

(Square Hand)

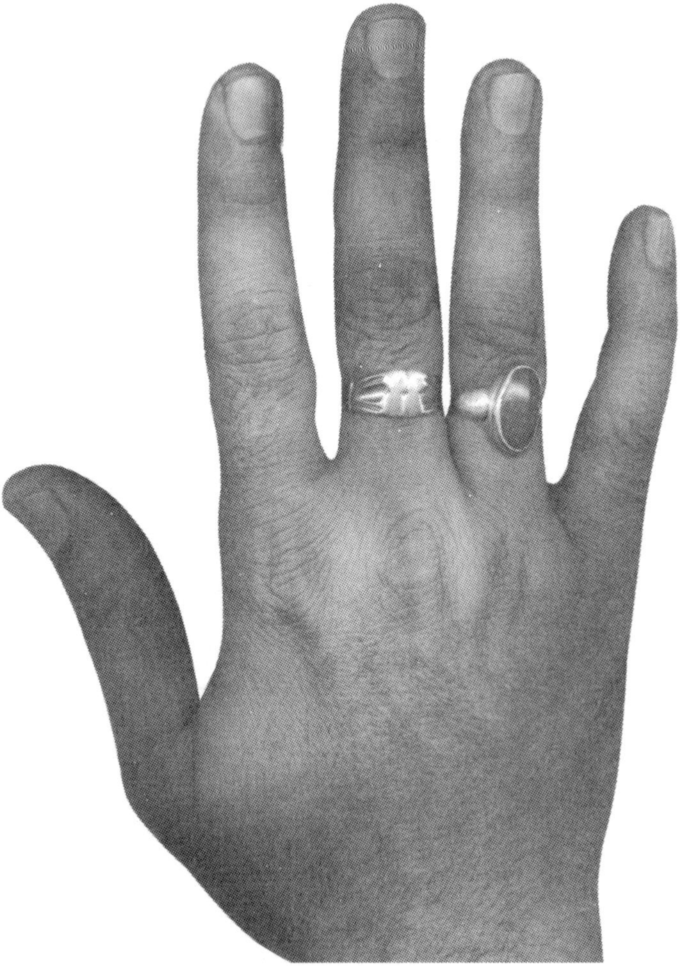

चित्र - 2

अधिकतर इंजीनियर, सर्जन, मैकेनिक अथवा प्रायोगिक कार्यों के साथ जुड़े होते हैं। इस प्रकार के हाथों में यदि चौरस उंगलियाँ जो ऊपर-नीचे से एक समान मोटाई की हैं, जुड़ी हैं तो अधिक प्रैक्टिकल यदि एक समान मोटाई के साथ गांठ वाली हो, तो गणनात्मक (Calculative) यदि आदर्श (Spatulate) हो तो: शोधकर्ता, यदि कोने वाली हो तो, आर्टिस्टिक, यदि पैनी हो: तो मूडी व्यक्ति यदि चाकोर पर मिली-जुली हो, तो मिले-जुले विचारों वाला व्यक्ति होता है।

3. चमचाकार हाथ (The Spatulate Hand) - दिखने में यह वर्गाकार आकार के नहीं होते, सामान्यत: यह कलाई के पास अधिक चौड़े व उंगुलियों की तरफ पतले होते हैं या फिर उंगुलियों की तरफ अधिक चौड़े और कलाई की तरफ कम चौड़े होते हैं। इस प्रकार के हाथ अधिकतर बहुत लचीले होते हैं और उंगुलियों के प्रथम पोरे कुछ उभरे हुए होते हैं अर्थात् इन पोरों पर अधिक चर्बी होने के कारण यह पैड जैसे महसूस होते हैं। जिन व्यक्तियों के इस प्रकार के हाथ कोमल, नरम और लचीले होते हैं वह स्वभाव से बेचैन व चिड़चिड़े प्रवृत्ति के होते हैं। यदि हाथ सख्त और लचीला न हो-तो बेचैनी के साथ-साथ उत्तेजित होने की भी प्रवृत्ति होगी। मैंने अपने 35 वर्षों के अध्ययन में देखा है कि इस प्रकार के हाथों वाले व्यक्ति अपने कार्यों में किसी भी प्रकार का हस्तक्षेप पसन्द नहीं करते, जरा सी बात पर आवेश में आ जाते हैं और अपना दिमागी नियन्त्रण खो देते हैं। वह अपने विरुद्ध किसी भी प्रकार की कोई बात नहीं सुनना चाहते। यह अपने विचारों में स्वतन्त्र होते हैं। इसलिए किसी नियम-कानून को मानने में बाध्य नहीं होते जिस कारण नियमों के विरुद्ध कार्य करके अपने सर मुसीबत मोल ले लेते हैं। जिन व्यक्तियों के हाथ की चौड़ाई उंगुलियों की तरफ से साधारणतया अधिक होती है वह व्यावहारिक जीवन में बहुत प्रैक्टिकल होते हैं। इस प्रकार के हाथ वाले व्यक्ति मैकेनिकल एवं इलैक्ट्रीकल से जुड़े क्षेत्रों में आविष्कार कर नए मॉडलों की खोज करते हैं। इनकी सोच का झुकाव एक ही तरफ हो जाने के कारण यह कभी-कभी अजीब-सी हरकतें भी कर डालते हैं।

4. दार्शनिक अथवा गांठदार हाथ (Philosophic or the Knotty Hand) - ऐसे हाथ आकार में कुछ अधिक लम्बे, कोण वाले एवं बड़ी गांठों (Knotts) वाले होते हैं। इस प्रकार के हाथ वाले व्यक्ति अधिक आशावादी होते हैं और प्रत्येक प्रकार से औरों के मुकाबले अधिक गम्भीरता से विचार करने वाले होते हैं। जो कोई भी कार्य करते हैं उसमें छोटी-छोटी चीजों पर भी बहुत ध्यान देते हैं अर्थात् उन पर बहुत गम्भीरता से विचार करते हैं। इस प्रकार के

चमचाकार हाथ

(Spatulate Hand)

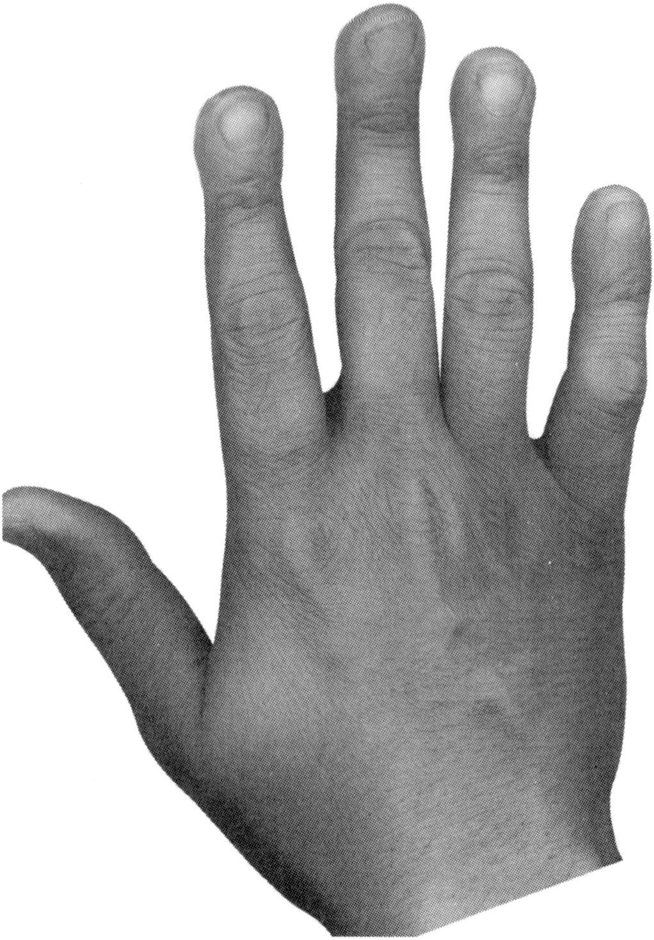

चित्र - 3

दार्शनिक हाथ
(Philosophic Hand)

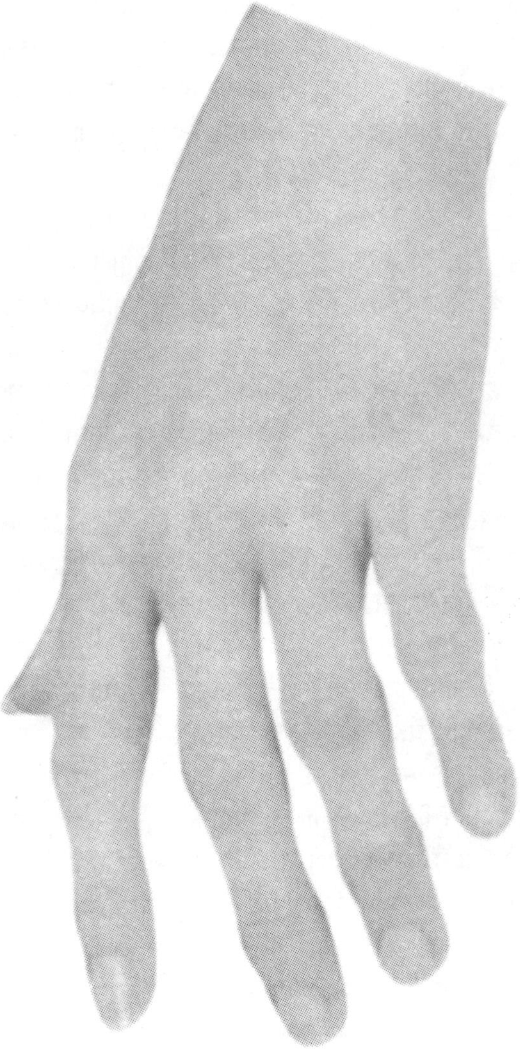

चित्र - 4

हाथ वाले व्यक्ति शांत-प्रिय, अधिक संयम रखने वाले लेकिन कुछ घमंडी होते हैं। यदि हाथों की गांठें अधिक उभरी हुई होती हैं तो यह उनकी आदर्श सोच को अधिक बढ़ा देती है या आप इस प्रकार कह सकते हैं कि इस हाथ के गुण, सीधी और पैनी उंगलियों वाले हाथों के गुणों के विपरीत होते हैं।

यदि हाथ सख्त, कठोर, सूखेपन में, बिना लचीले व बड़ी गाठों वाले हों तथा इन पर बनी मस्तिष्क रेखा गाढ़ी व मोटी हो जैसे कि किसान लोगों (Farmers) के हाथों में देखी जाती है, जो उनकी भौतिक कार्य करने की क्षमता को अधिक बढ़ा देती है और साधारणतया जीवन कम ऐशो आराम करने वाला बनाती है।

जहाँ तक धन, व्यापार एवं व्यावसायिक क्षेत्र का प्रश्न है यह लोग उसमें अधिक सफल नहीं होते। इस प्रकार के लोग औरों के मुकाबले कम ऐशो-आराम करने वाले होने के कारण धन सम्बन्धी मामलों में अधिकतर नाकाम ही होते हैं।

5. कलात्मक हाथ (Artistic Hand) - यह हाथ सामान्य आकार का होता है न अधिक बड़ा और न अधिक छोटा। इस हाथ की खास पहचान है कि इसमें हाथ की उंगलियां एक-दूसरे के साथ चिपकी नहीं होती। इनमें कुछ दूरी होती है। देखिए चित्र नं. 5 में बृहस्पति की उंगली कुछ झुकी हुई, आधार पर से शनि की उंगली में कुछ दूरी बनाए हुए और शेष उंगलियां भी ऊपर की ओर लम्बाई में कोण की तरह पतली व नाखून की तरफ, टिप्स से कुछ पैनी किस्म की और आपस में आधार पर एक-दूसरे से सामान्य दूरी बनाए होती है। यह व्यक्ति के स्वतंत्र विचारों, स्वतंत्र सोच व आजादी से जीवन जीने की ओर संकेत करती है। यह हाथ बहुत लचीले, नरम व कुछ कम्पन देने वाले होते हैं। जिस कारण इस प्रकार के व्यक्तियों के स्वभाव व सोच में स्थिरता नहीं होती। यह बहुत अधिक संवेदनशील (Sensitive), भावुक (Emotional) और दूसरे से प्रभावित होने वाले होते हैं। इनके हाथों में अक्सर मस्तिष्क रेखा नीचे की तरफ चन्द्र पर्वत की ओर झुकी हुई होती है जो इन्हें अधिक सेक्सी व रोमांटिक बनाती है। उपरोक्त प्रकृति होने के कारण यह अपने आप को हर तरह के माहौल में ढाल लेते हैं। यही कारण है कि यह शीघ्र ही अपना रोल समझ जाते हैं, एक ही समय में हँस व रो लेते हैं। अपने चौतरफा वातावरण में एकदम घुल-मिल जाते हैं और अपने सामान्य जीवन में भी सुख-दुःख एवं खुशी और गमों का अहसास करते हैं।

कलात्मक हाथ
(Artistic Hand)

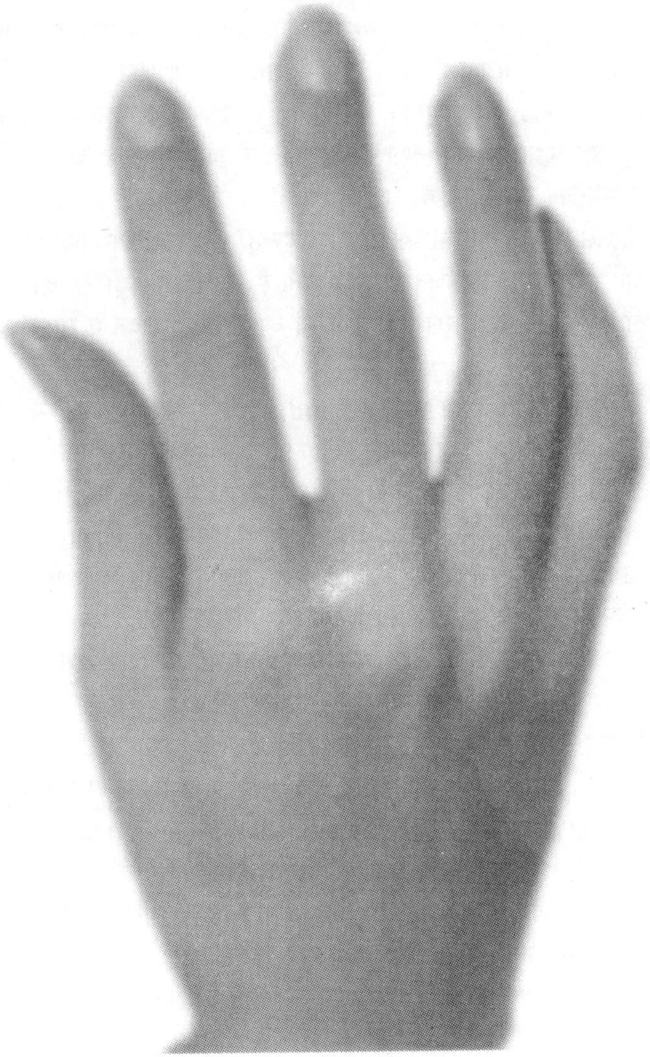

चित्र - 5

6. आदर्श हाथ (Psychic Hand) - यह हाथ दिखने में बहुत ही सुन्दर, लम्बे, पतले, उंगलियाँ एक दूसरे से अधिक दूरी बनाए हुए होती हैं। उंगलियों पर नाखून बादाम की तरह बने होते हैं, हाथ व उंगलियां देखने में बहुत कोमल नजर आती हैं। स्वभाव से यह श्रेष्ठ, सज्जन, शांत प्रिय, अव्यावहारिक, कभी समय पर कार्य न करने वाले, (Non-punctual), अनुशासन में न रहने वाले, (Non-disciplined) होते हैं। यह धार्मिक प्रवृत्ति के तो होते हैं लेकिन दूसरों के बहकावे में अर्थात् उनके प्रभाव में शीघ्र ही आ जाते हैं। इनमें छठी इन्द्रिय (Sixth-sence) की प्राकृतिक देन होती है, इन्हें पूर्व घटनाओं का आभास हो जाता है, यह बहुत ही संवेदनशील होते हैं। इन्हें जरा-सा कुछ कह देने पर यह अपना सन्तुलन खो बैठते हैं। यह खूबसूरती, आर्ट व प्रकृति से बहुत प्यार करते हैं। यह सांसारिक गतिविधियों से बहुत दूर हैं। यह शारीरिक ताकत में भी कमजोर होते हैं। इनका हाथ जितना सुन्दर होता है भांग्य उतना ही खराब। इनके विचार चलायमान होने के कारण यह कभी भी व्यावहारिक जीवन में सफल नहीं हो पाते।

7. मिश्रित हाथ (The Mixed Hand) - इस प्रकार के हाथों में सभी प्रकार के हाथ के गुण होते हैं अर्थात् वर्गाकार, चमचाकार, दार्शनिक, नुकीले व आदर्श हाथों के सम्मिश्रण के गुण इस प्रकार के हाथों में मिलते हैं। चित्र-7 को देखें, इस चित्र में प्रथम उंगली अर्थात् गुरु की उंगली, वर्गाकार हाथ से वर्गाकार शक्ल में है, बीच की बड़ी शनि की उंगली-गांठदार हाथ से गठिया वाली है, तीसरी-सूर्य की उंगली कलात्मक हाथ की नुकीली है व चौथी बुध की उंगली-आदर्श हाथ की है। इस प्रकार आपने देखा कि इस हाथ में सभी प्रकार के हाथों की उंगलियों का सम्मिश्रण हो जाने से इस प्रकार के हाथ वाले व्यक्ति में थोड़े-थोड़े सभी प्रकार के हाथों के गुण आ जाते हैं जिस कारण व्यक्ति को सभी चीजों का थोड़ा-थोड़ा ज्ञान होता है। इसे हम अंग्रेजी में इस प्रकार कह सकते हैं "They are jack of all master of none." । इस प्रकार के व्यक्ति सभी प्रकार के वातावरण में घुल-मिल जाते हैं इनके विचार एवं उद्देश्य एक से नहीं रहते जिस कारण यह सफलता-असफलता के बीच ही झूलते रहते हैं। एक स्थान एवं कार्य पर टिक कर नहीं रहते, इनके परिवर्तनशील विचार एवं आदतें होने के कारण जीवन में अक्सर सफल नहीं हो पाते।

आदर्श हाथ
(Psychic Hand)

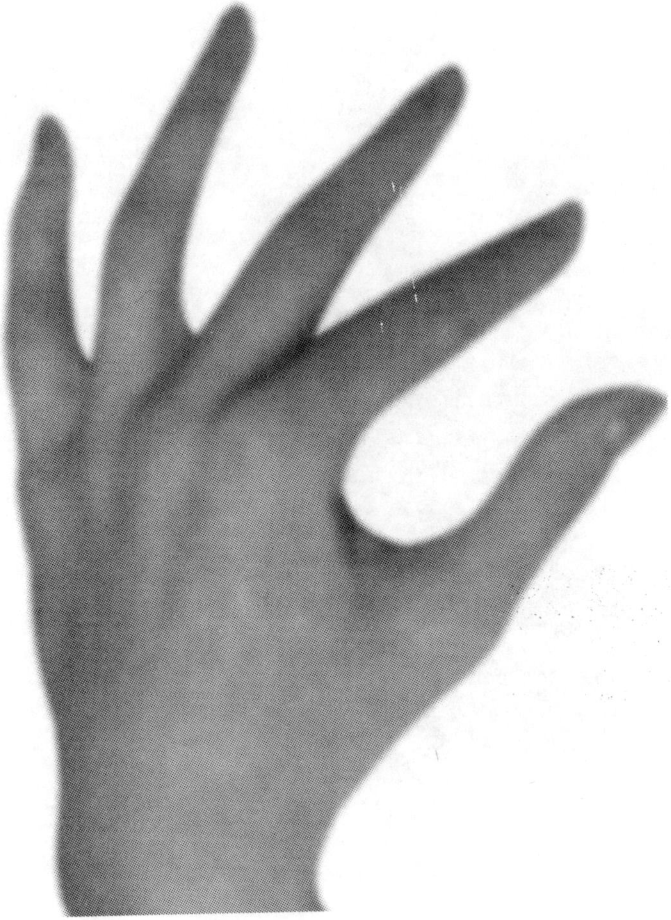

चित्र - 6

आदर्श हाथ
(Psychic Hand)

चित्र - 6 (ब)

मिश्रित हाथ
(Mixed Hand)

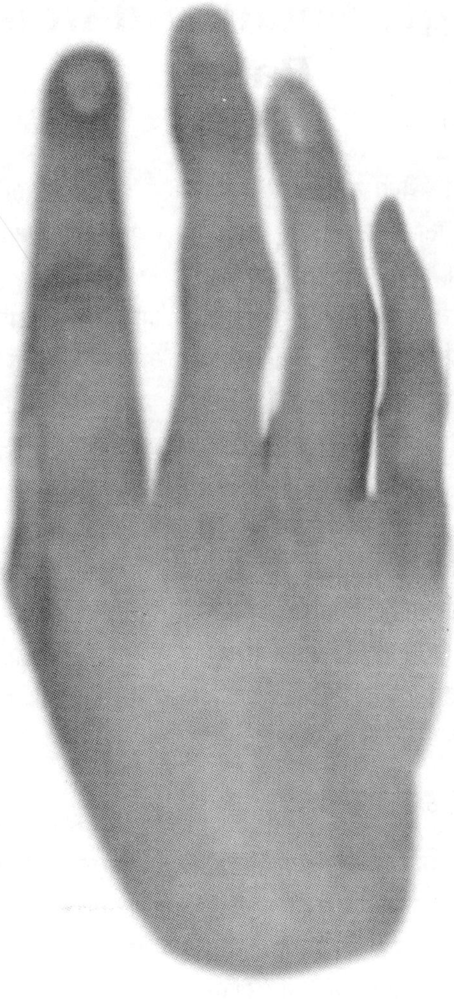

चित्र - 7

बड़े, छोटे एवं गड्ढे वाली हथेली

(Large, Small and Hollow Palm)

यदि हाथ की हथेली लचीली न होकर सूखी हुई, पतली और सख्त किस्म की हो तो इससे पता चलता है इस प्रकार की हथेली वाला व्यक्ति घबरा जाने वाला, चिन्ता और परेशानियों से लिप्त प्रवृत्ति का होता है।

इसके विपरीत यदि हथेली नरम, लचीली और भरी हुई अर्थात् मोटी होती है तो इससे पता चलता है कि व्यक्ति सेक्सी और मौज-मस्ती वाला है।

गड्ढे वाली हथेली : हाथ के बीचोंबीच गड्ढा होना दुर्भाग्य की निशानी है। इस प्रकार की हथेली वाले व्यक्तियों को कड़ी मेहनत करने के उपरान्त भी पूर्ण सफलता नहीं मिलती जिस कारण यह हमेशा अपने कार्य से सन्तुष्ट नहीं होते। मैंने अपने 35 वर्षों के तजुर्बे में देखा है कि इस प्रकार के हाथों वाले व्यक्ति यदि अपने परिश्रम की शत-प्रतिशत आशा रखते हैं तो उन्हें केवल उनके परिश्रम की 50 प्रतिशत ही सफलता प्राप्त होती है शेष दुर्भाग्य की भेंट चढ़ जाती है। इन्हें अपनी जिन्दगी में इस प्रकार से प्रयास करने पड़ते हैं जैसे किसी व्यक्ति को पहाड़ पर चढ़ाई के दौरान करने पड़ते हैं अर्थात् जिन्दगी में सफलता प्राप्त करने के लिए कड़े प्रयास करने पड़ते हैं।

हथेली में गड्ढे के स्थान:

(अ) **गड्ढा भाग्य रेखा के नीचे :** यह व्यापार, नौकरी, सम्पत्ति, धन-दौलत एवं सांसारिक गतिविधियों के लिए दुर्भाग्य की निशानी है।

(ब) **गड्ढा आयु रेखा के नीचे :** यह कमजोर सेहत, चिड़चिड़ापन, घरेलू कार्यों से असन्तुष्ट रहने की निशानी है। यदि यह गड्ढा शुक्र या मंगल पर्वत पर पड़ता है तो उनसे संबंधित गुणों में कमी कर देता है। यदि शुक्र पर है तो सेक्स, रोमान्स, प्यार-मोहब्बत, इश्क एवं सांसारिक मनोरंजन से जुड़ी गतिविधियों में कमी करता है। यदि मंगल पर्वत पर है अर्थात् मंगल

गड्ढे वाली हथेली

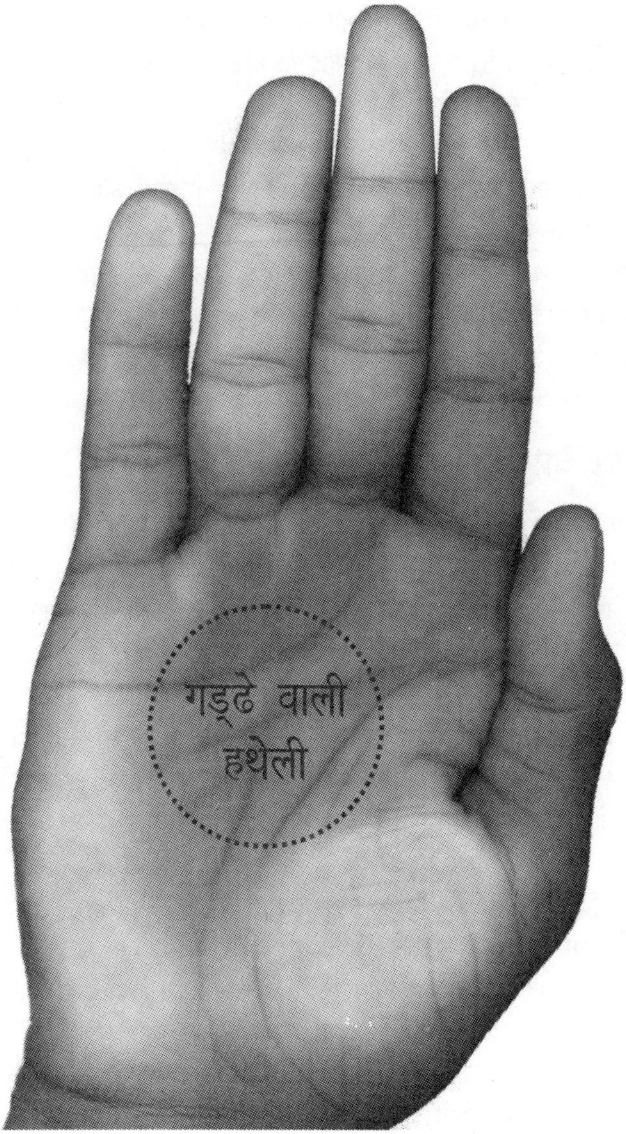

पर्वत नीचे की तरफ दबा हुआ होता है तो व्यक्ति डरपोक, लड़ाई-झगड़े से दूर रहने वाला और आरामदायक प्रवृत्ति का होता है।

(स) **दिल की रेखा के नीचे :** प्यार, मोहब्बत, दोस्त-यार, सेक्स व शादी से जुड़े मामलों में कम सफलता मिलती है। यह अधिकतर जिन हाथों में हृदय रेखा के नीचे मिलता है उनके मित्र, रिश्तेदार आदि उनसे बेवफाई करते हैं। प्यार में बेवफाई या धोखा खाने वालों के हाथों में यह चिह्न बहुत स्पष्ट होता है।

बड़े हाथ : बड़े हाथों वाले लोग व्यवहार में छोटे हाथों वाले व्यक्तियों की तुलना में सुस्त होते हैं, लेकिन इनकी योजनाएँ और उद्देश्य इनकी पहुँच के भीतर होते हैं।

छोटे हाथ : यह बड़े हाथों की अपेक्षा किसी भी विषय को जल्दी समझ लेते हैं। छोटे हाथों वाले व्यक्ति बड़े हाथों वाले व्यक्तियों की तुलना में अधिक चुस्त-दुरुस्त व आशावादी होते हैं। यह बड़ी परियोजनाएं बनाने के बारे में सोचते हैं जो अक्सर उनकी पहुँच से बाहर होती है।

हाथों पर बालों का होना

हाथों पर बालों का होना एक प्राकृतिक देन है जो व्यक्तियों की भौतिक शक्ति के साथ जुड़ी होती है। हाथों पर अधिक बालों का होना, व्यक्ति में अधिक भौतिक शक्ति प्रदर्शित करती है। औरतों में व्यक्तियों की तुलना में कम बाल होते हैं इसलिए वह व्यक्तियों की अपेक्षा शारीरिक दृष्टि से कुछ कमजोर होती हैं। जिन औरतों के हाथों पर बाल होते हैं उनमें अधिक भौतिक शक्ति होती है अर्थात् शरीर में मसल (mascular) बनने की प्रवृत्ति होती है।

शरीर का प्रत्येक बाल अपने आप में एक फाइबर अर्थात् ट्यूब की तरह होता है जो शरीर की चमड़ी एवं नसों के साथ जुड़ा होता है जहाँ से विद्युत प्रवाह को बाहर आने का रास्ता देता है।

जैसा कि आपको ज्ञात है कि रक्त में लोहे के पदार्थ (Iron) की मात्रा का होना शारीरिक शक्ति को प्रदर्शित करता है। शरीर में लौह की मात्रा एवं उसमें बहने वाली विद्युत व्यक्ति की आयु निर्धारित करती है। जवानी में व्यक्ति के शरीर में लौह की मात्रा अधिक होने के कारण उसके बाल घने-काले होते हैं जो उसमें अधिक भौतिक शक्ति का संकेत देते हैं। बुढ़ापे में व्यक्ति के शरीर में लोहे के पदार्थ की कमी हो जाने के कारण उसके बाल कम घने व सफेद हो जाते हैं और शारीरिक शक्ति भी कम हो जाती है।

कभी-कभी अकस्मात शौक या दु:ख की खबर सुनने से भी बाल कुछ ही घंटों में सफेद हो जाते हैं जिसका मुख्य कारण है कि बालों का एक सिरा जो नसों के साथ जुड़ा है उनमें नसों से विद्युत प्रवाह करने वाला लोहे का तरल पदार्थ आ जाता है जिसमें तुरन्त प्रतिक्रिया होने के कारण बाल एकदम सफेद होने लगते हैं और कुछ ही घंटों में सफेद हो जाते हैं और बहुत ही कम देखने को मिलता है कि बाल अपने वास्तविक रंग में पुनः परिवर्तित हुए हों।

बालों के रंग

पहला कारण - बालों के कई प्रकार के रंग होते हैं जो उनमें लोहे के तरल पदार्थ की मात्रा के रंग पर निर्भर करते हैं। यही कारण है कि बाल काले, भूरे, लाल, सफेद इत्यादि रंगों में होते हैं।

दूसरा कारण - इसका कारण देश-विदेश के उच्च दाब (high pressure) के कारण हो सकता है, अमेरिका जैसा देश उच्च दबाव वाला क्षेत्र होने के कारण वहाँ पर लोगों के बाल अधिकतर सफेद ही होते हैं अर्थात् संसार के देशों में सबसे अधिक सफेद बालों वाले व्यक्ति अमेरिका में ही पाए जाते हैं।

भौगोलिक वातावरण : बालों का रंग निर्धारित करने में वहाँ की जलवायु का बहुत अधिक प्रभाव पड़ता है यही कारण है कि संसार के भिन्न-भिन्न देशों में रहने वाले व्यक्तियों के बालों के रंग वहाँ की जलवायु भिन्न होने के कारण भिन्न-भिन्न रंगों के होते हैं। अफ्रीकी देश गर्म क्षेत्र में आते हैं। वहाँ के लोगों के बाल काले रंग के होते हैं। अमेरिका उत्तर दिशा में पड़ने वाला ठंडा देश है वहाँ पर लोगों के बाल अक्सर सफेद होते हैं। इंग्लैंड, पश्चिमी यूरोप में पड़ने वाला ठंडा देश है वहाँ पर लोगों के बाल अक्सर भूरे रंग के होते हैं जहाँ पर एक जाति से दूसरी जाति में शादियाँ होती हैं या एक देश के लोग दूसरे देश के लोगों के साथ शादी करके बस जाते हैं। उनके बच्चों के बालों का रंग माँ-बाप के बालों के रंग से भिन्न होता है जो उनके बड़े होने के साथ-साथ वहाँ की प्रकृति एवं जलवायु के प्रभाव से अपना वास्तविक रंग ले लेते हैं।

हाथों पर बालों का होना : इस विषय का अध्ययन करते हुए मैं इस निष्कर्ष पर पहुँचा हूँ कि हाथों पर बालों के होने या न होने का जितना महत्त्व है उतना उनके रंगों का नहीं है।

शरीर पर बालों का न रहना : यदि व्यक्ति डिप्रेशन में चला जाता है या उसका नर्वस ब्रेक डाउन हो जाता है तो हाथों पर बालों वाले व्यक्ति की बीमारी में सुधार शीघ्रता से होता है, जबकि बिना बालों वाले व्यक्ति अपनी बीमारी से धीरे-धीरे ठीक होते हैं। हाथों पर बालों को देखकर ही पूर्ण अनुमान नहीं लगाया जाना चाहिए। इसके अलावा व्यक्ति की स्मरण शक्ति, आत्म विश्वास व मुख्य रूप से अंगूठे की अकड़न को भी देखना चाहिए। यदि अंगूठा अकड़ा हुआ है तो व्यक्ति में ठीक होने की आत्मशक्ति बहुत अधिक होती है अर्थात् वह औरों के मुकाबले शीघ्र ठीक होता है।

हाथों पर बने पर्वत

(Mounts on the Hand)

हस्तरेखा विज्ञान में इन पर्वतों का हाथों पर होना बहुत महत्त्वपूर्ण समझा गया है। किसी भी व्यक्ति की सम्पन्नता एवं सफलता की सीमा इन्हीं पर्वतों के हाथ पर बने स्वरूप से आंकी जाती है। हाथों में यह पर्वत उंगलियों एवं अंगूठे के आधार पर और हाथ के दोनों ओर किनारों पर बने होते हैं। यह पर्वत वास्तव में ग्रहों का ही दूसरा स्वरूप है जिन्हें हाथों पर स्पर्श करके महसूस किया जा सकता है और इनके उभरे और न उभरेपन की पुष्टि आंखों से देखकर व्यक्तिगत रूप से की जा सकती है।

ज्योतिष विज्ञान में ग्रहों की स्थिति कुण्डली में उनके ऊँच-नीच अर्थात् राशियों में स्थित स्थान पर निर्भर करती है। जबकि हाथ पर बिना कुण्डली के ही इन ग्रहों की जानकारी प्राप्त हो जाती है। मेडिकल साइंस से जुड़े उपचार के तरीके Accupressure में हाथ पर बने इन पर्वतों को दबाकर देखा जाता है। हाथ पर इन पर्वतों (ग्रहों) को दबाने से जिस पर्वत पर दर्द होता है उस पर्वत अर्थात् ग्रह से संबंधित रोग से व्यक्ति गुजर रहा होता है। क्योंकि यह पर्वत जिन्हें हम ग्रह कहते हैं आज के साइंटिफिक युग में ग्रन्थियों (Glands) के रूप में जाने जाते हैं।

यदि व्यक्तियों से जुड़ी बीमारियों की पूर्ण जानकारी प्राप्त करनी है तो ग्रन्थियों के स्वरूप को छोड़कर शरीर पर पुनः ग्रहों के अस्तित्व को स्थापित कर उन्हें सैटेलाइट (Settelite) के अनुकूल समझते हुए मनुष्य पर उनके प्रभाव को जानना होगा। क्योंकि ग्रहों से निकलने वाली रंगीन तरंगें मनुष्य के अन्दर स्थित ग्रहों (ग्रन्थियों) को लगातार अपने प्रभाव से प्रभावित कर रही है। इसलिए आज की 20वीं शताब्दी के युग में मनुष्य के ऊपर इन ग्रहों की रंगीन तरंगों के प्रभाव को जानने के लिए ग्रहों के पभाव का अध्ययन करना आवश्यक हो जाता है।

हाथों पर पर्वतों (ग्रहों) की पुष्टि

आज का युग विज्ञान का युग है जहाँ पर प्रत्येक वस्तु के स्वरूप को वैज्ञानिक दृष्टि से देखा जाता है। रूस के वैज्ञानिकों ने भी हाथ पर बने पर्वतों (ग्रहों) की पुष्टि करने के लिए प्रयोग किया। जब उन्होंने अपनी किरीलियन (Kirilion) फोटोग्राफी के माध्यम से हाथ के चित्र लिए और उन्होंने हाथों में से सात प्रकार के रंगों वाला इन्द्रधनुष (Spectrum) प्रकाश के रूप में बाहर आते देखा जिसमें पर्वतों के रंगीन प्रकाश की तरंगें इस प्रकार से दिखाई दे रही थीं।

1.	शनि पर्वत में	बैंगनी रंग का प्रकाश
2.	शुक्र पर्वत में	गाढ़े नीले रंग का प्रकाश
3.	गुरु पर्वत में	हल्के नीले रंग का प्रकाश
4.	बुद्ध पर्वत में	हरे रंग का प्रकाश
5.	मंगल पर्वत में	पीले रंग का प्रकाश
6.	चन्द्र पर्वत में	संतरी रंग का प्रकाश
7.	सूर्य पर्वत में	लाल रंग का प्रकाश

इसके बाद उन्होंने ग्रहों से निकलने वाली रंगीन तरंगों से बने आभा मण्डल के चित्र लिए जो इस प्रकार से हैं–

1.	शनि ग्रह पर	बैंगनी रंग का आभा मण्डल
2.	शुक्र ग्रह पर	गाढ़े नीले रंग का आभा मण्डल
3.	गुरु ग्रह पर	हल्के नीले अथवा आसमानी रंग का आभा मण्डल
4.	बुध ग्रह पर	हरे रंग का आभा मण्डल
5.	मंगल ग्रह पर	पीले रंग का आभा मण्डल
6.	चन्द्र ग्रह पर	संतरी रंग का आभा मण्डल
7.	सूर्य ग्रह पर	लाल रंग का आभा मण्डल

नोट : यहाँ पर स्पैक्ट्रो स्कोप से दिखने वाले रंगों को दर्शाया गया है जो आंखों से दिखने वाले रंगों से भिन्न होते हैं। जैसा कि आप जानते हैं मंगल का रंग लाल व बृहस्पति का पीला होता है लेकिन इनका स्पैक्ट्रोस्कोपिक रंग पीला व हल्का नीला है। रूसी वैज्ञानिकों के इस शोध कार्य से पूर्ण रूप से स्पष्ट हो गया कि हाथ पर पर्वतों से निकलने वाले रंग और ग्रहों से निकलने वाले रंगों में समानता है जो इस बात की पुष्टि करती है कि हाथ पर बने पर्वत, ग्रहों का ही दूसरा स्वरूप है।

हाथों पर बने पर्वत

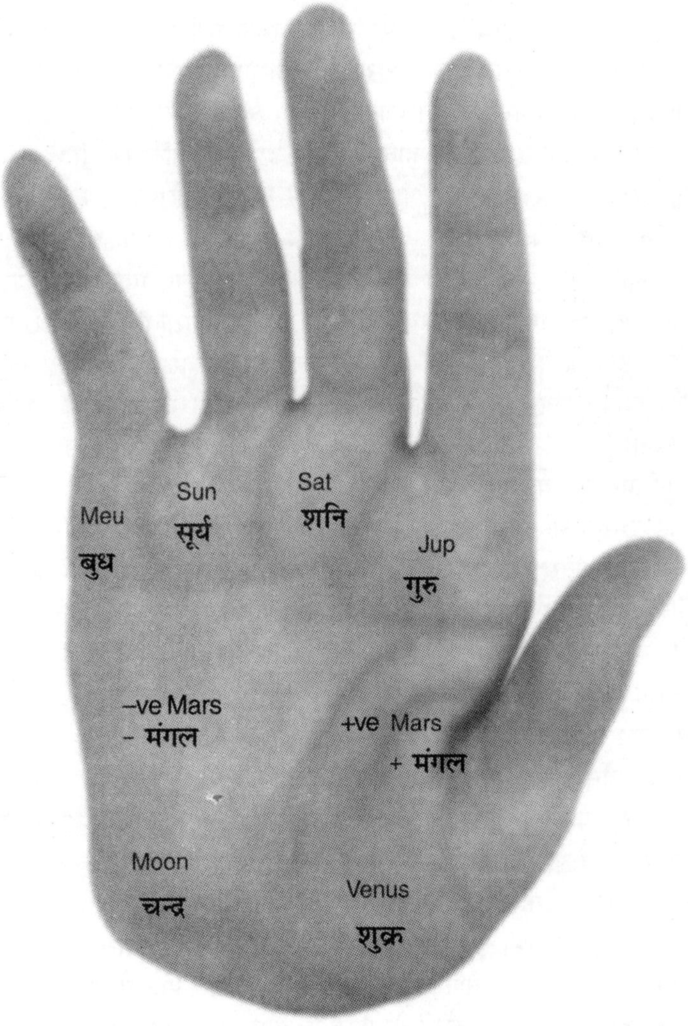
Meu
बुध
Sun
सूर्य
Sat
शनि
Jup
गुरु
–ve Mars
- मंगल
+ve Mars
+ मंगल
Moon
चन्द्र
Venus
शुक्र

प्राचीन वैज्ञानिकों या हमारे ऋषि मुनियों ने, जिन्होंने अपनी छठी इन्द्रिय से ग्रहों के रंगों के अनुसार ही ग्रहों को हाथों में पर्वतों के रूप में स्थापित कर, व्यक्ति के ऊपर उनके प्रभाव को जानकर, उनके भविष्य में होने वाली घटनाओं को जान लिया था और ज्योतिष को एक नया स्वरूप दिया था जिसे आज हम 'हस्त रेखा विज्ञान' के नाम से जानते हैं।

गुरु पर्वत : यह हाथ की प्रथम उंगली अर्थात् तर्जनी के आधार पर बना होता है। जब यह उभरा हुआ अर्थात् विकसित होता है तो व्यक्ति की महत्त्वाकांक्षा, स्वाभिमान, शासनप्रियता, घमंड, व्यापार एवं समाज में व्यक्ति विशेष की सफलता का सूचक होता है। यदि इस पर दुर्भाग्यवश द्वीप बना हो तो वह उस पर्वत से सम्बन्धित गुणों को नष्ट कर देता है।

शनि पर्वत : यह हाथ के बीच शनि की उंगली के आधार पर बना होता है। यदि यह उभरा हुआ हो तो व्यक्ति कम बोलने वाला, एकान्तप्रिय, शान्त स्वभाव वाला एवं गम्भीर प्रवृत्ति का होता है। यह धार्मिक प्रवृत्ति के साथ-साथ भविष्य में होने वाली सफलताओं एवं असफलताओं के बारे में भी पूर्व जानकारी देता है। इसकी सबसे बड़ी खासियत है कि यह औरों के कार्य में हस्तक्षेप नहीं करता।

सूर्य पर्वत : यह हाथ में अनामिका उंगली के आधार पर पाया जाता है। यदि यह उभरा हुआ हो तो व्यक्ति समाज में जाना माना, सम्पन्न एवं प्रसिद्ध होता है। यह अधिकतर सफल हीरो, हीरोईन, समाज-सेवक, नेता, धर्मार्थ गुरु, वैज्ञानिकों एवं कला से जुड़े व्यक्तियों के हाथों में होता है जिसकी पुष्टि उनके हाथ में बनी सूर्य रेखा स्पष्ट कर देती है। इस प्रकार के प्रवृत्ति से जुड़े लोगों को जीवन में प्रसिद्धि पाने की बड़ी चाह होती है। वह इसके लिए जीवन भर प्रयास करते ही रहते हैं।

बुध पर्वत : यह पर्वत चौथी उंगली यानी कनिष्ठका के आधार पर पाया जाता है। यदि यह पर्वत उभरा हुआ हो तो व्यक्ति में बुध ग्रह से सम्बन्धित गुण अधिक मात्रा में पाए जाते हैं। इनमें कम स्थिरता होती है यह अधिकतर अपना कार्य क्षेत्र बदलते रहते हैं अर्थात् इनमें परिवर्तन के प्रति मोह होता है। यह लम्बी-लम्बी यात्राएं भी करते हैं। यह व्यवहार में चालाक, त्वरित बुद्धि वाले, उत्तेजित एवं शीघ्र ही आवेश में आ जाने वाले व्यक्ति होते हैं। इनके विचार संतुलित नहीं होते और यह दूसरों के कार्य में अक्सर हस्तक्षेप करते रहते हैं और धन कमाने की नई-नई योजनाएं बनाते रहते हैं। यह विचारों में दोगले किस्म के होते हैं और परिस्थितियों के अनुसार अपने आपको ढाल लेते हैं। इनकी सफलता हाथ में बने अन्य पर्वतों एवं रेखाओं पर निर्भर करती है।

मंगल पर्वत : यह हाथ में दो स्थानों पर पाए जाते हैं। प्रथम गुरु पर्वत के नीचे की ओर आयु रेखा के बीच में शुक्र पर्वत से जुड़े स्थान पर होता है। इसे धनात्मक मंगल पर्वत कहते हैं। इससे व्यक्ति के साहस एवं युद्धप्रियता की जानकारी मिलती है। उभरे हुए मंगल पर्वत वाले लोग निंडर, साहसी, स्वाभिमानी और कार्यकुशल होते हैं। इनमें ऊर्जा शक्ति अधिक मात्रा में होती है। इस प्रकार के पर्वत अधिकतर सेना, पुलिस, सुरक्षाबल, पहलवानों, खिलाड़ियों एवं कर्मठ कार्यकर्ताओं में पाए जाते हैं। जिनका यह पर्वत दबा हुआ होता है वह डरपोक व लड़ाई-झगड़ों से दूर रहते हैं।

इस पर्वत का दूसरा स्थान बुध पर्वत के नीचे व चन्द्र पर्वत के ऊपर अर्थात् दोनों पर्वतों के मध्य में होता है। इसे ऋणात्मक मंगल कहते हैं। यदि यह पर्वत उभरा हुआ हो तो ऐसे व्यक्तियों का मस्तिष्क बहुत संतुलित होता है वह कभी अपना दिमागी नियंत्रण नहीं खोते अर्थात् आवेश में नहीं आते। वह जो भी कार्य करते हैं बड़ी सूझबूझ व सोच-विचार के साथ करते हैं।

चन्द्र पर्वत : यह पर्वत ऋणात्मक मंगल के नीचे की ओर हथेली के कोने पर पाया जाता है। कई हाथों में यह उभरा हुआ और कईयों में चपटा पाया जाता है। यह पंर्वत चन्द्र ग्रह से सम्बन्धित गुणों को दर्शाता है। यदि यह पर्वत उभरा हुआ हो तो व्यक्ति प्रसन्नचित्त, बाहरी सहयोग से उन्नति करने वाला, मूडी, रोमांटिक, श्रेष्ठ भावनाओं वाला, संगीत, चित्रकला एवं कविता पाठ में रुचि लेने वाला खुशहाल व्यक्ति होता है।

यदि यह पर्वत चपटा हो अर्थात् उभरा हुआ न हो तो व्यक्ति को बाहरी सहयोग नहीं मिलता। वह जो कुछ भी करता है अपने स्वयं के परिश्रम से करता है। ऐसे व्यक्ति परिश्रमी होते हैं और जीवन भर संघर्ष करते रहते हैं अर्थात् इनका जीवन कष्टमय होता है।

अधिक जानकारी के लिए हम इस पर्वत को तीन भागों में विभाजित कर सकते हैं-

(1) चन्द्र पर्वत का ऊपरी भाग

(2) मध्य भाग

(3) निचला भाग

स्वास्थ्य की दृष्टि से यह तीनों भाग पेट के साथ सम्बन्धित है।

ऊपरी भाग पर यदि क्रॉस (×) का चिह्न हो तो

ऐपेन्डेसाइटिस की बीमारी होती है।

मध्य भाग में क्रॉस (×) गठिया रोग और

निचले भाग किडनी, गालब्लेडर और औरतों में प्रजनन से सम्बन्धित रोग बताता है। चन्द्र पर्वत का निचला भाग शारीरिक कमजोरी, पागलपन व आत्महत्या से सम्बन्धित है।

हाथ में जिन लोगों का चन्द्र पर्वत उभरा होता है वह धनी, अमीर या बड़े जमींदार परिवार से जुड़े होते हैं।

शुक्र पर्वत : यह अंगूठे के आधार पर बना होता है। यह शुक्र ग्रह से सम्बन्धित सभी गुणों को दर्शाता है। यह आकार में जितनां बड़ा एवं उभरा हुआ हो तो व्यक्ति उतना ही शारीरिक दृष्टि से शक्तिशाली और उत्तम स्वास्थ्य वाला होता है। उभरे शुक्र वाले व्यक्ति दूसरों के प्रति परोपकारी, स्नेह एवं सहानुभूति रखने वाले होते हैं। यह विपरीत लिंग के प्रति आकर्षण रखने वाले, सेक्सी, कामी, भोगी, सौन्दर्य के पुजारी, संगीत एवं चित्रकला में बहुत रुचि रखने वाले होते हैं।

यदि यह पर्वत हाथ के आकार की अपेक्षा छोटा एवं कम उभरा हुआ होता है तो व्यक्ति में काम शक्ति की कमी, शारीरिक दृष्टि से कमजोर, विपरीत लिंग की ओर कम आकर्षित होने वाला होता है। यदि यह पर्वत सामान्य से अधिक उभरा हुआ है और साथ में मंगल पर्वत भी उभरा हुआ हो और हाथ में मस्तिष्क रेखा नीचे चन्द्र पर्वत की ओर झुकी हुई हो तो ऐसे व्यक्ति आवेश में आकर बलात्कार जैसी घटनाओं को अंजाम दे डालते हैं और विदेशों में अधिकतर समान लिंग से सेक्स करने वाले, (Homosexuality) अर्थात् अंग्रेजी में 'गे' (gay) कहलाते हैं।

शादी से पूर्व लड़के व लड़की को अपने हाथों में शुक्र पर्वत का मिलान कर लेना चाहिए। यदि दोनों का शुक्र उभरा हुआ हो और उस पर कोई ऋणात्मक चिह्न नहीं बना हुआ है तो वह शादी से संतुष्ट रहेंगे। यदि लड़की का उभरा हुआ हो और लड़के के सामान्य से भी कम उभरा हो तो सेक्स का पूर्ण आनन्द न पाने के कारण अधिकतर विवाह विच्छेद (Divorse) हो जाता है।

उंगलियों की लम्बाई

(Length of the Fingers)

उंगलियां हाथ का महत्त्वपूर्ण अंग हैं जो अंगूठे के साथ मिलकर व्यक्ति के सभी प्रकार के कार्यकलापों को अंजाम देती हैं। यह व्यक्ति के दिनचर्या के भौतिक कार्य ही नहीं बल्कि इनका व्यक्ति के मस्तिष्क एवं ज्ञान के साथ भी गहरा सम्बन्ध है। हाथों को मुख्य रूप से तीन भागों में बांटा गया है।

(1) उंगलियों की लम्बाई हथेली की लम्बाई से कम

जिन व्यक्तियों की उंगलियाँ छोटी होती हैं वह चुस्त-दुरुस्त, तेज दिल के साफ, बड़बोले, शीघ्र ही निर्णय लेने वाले, सामान्य बुद्धि के व्यक्ति होते हैं। वह वास्तविकता के आगे किसी भी व्यक्ति एवं समाज की परवाह नहीं करते।

(2) उंगलियों की लम्बाई हथेली की लम्बाई से अधिक

यह अधिक सोच-समझकर निर्णय लेने वाले तीक्ष्ण बुद्धि के होते हैं। यह प्रत्येक चीज को अनुशासन में चाहते हैं। यहाँ तक कि छोटी-छोटी बातों पर भी विशेष ध्यान देते हैं। यह चाहते हैं कि प्रत्येक वस्तु साफ-सुथरी एवं उसके निश्चित स्थान पर ही रखी हो। अधिकारी हो या फिर नौकर उसको भी सभ्य-व्यवहार व साफ सुथरी आयरन की हुई ड्रेस में देखना ही पसन्द करते हैं। इस प्रकार के व्यक्ति अधिकतर मैनेजमेंट में देखे जाते हैं। मैनेजमेंट चाहे कार्य सम्बन्धी स्टाफ की हो या घर के अन्दर की सजावट की, इन्हें तो बस सब कुछ ठीक-ठाक चाहिए।

(3) उंगलियों की लम्बाई हथेली की लम्बाई के बराबर

इस प्रकार के व्यक्तियों में छोटी एवं लम्बी उंगलियों वाले व्यक्तियों की अपेक्षा सम्मिश्रित गुण होते हैं। यह उपरोक्त दोनों प्रकार की आदतों के बीच पैण्डुलम की तरह घूमते रहते हैं, इसलिए इनको समझ पाने में भी कठिनाई होती है कि यह चाहते क्या हैं?

उंगलियों का एक-दूसरे के मुकाबले लम्बा-छोटा होना

उंगलियों की लम्बाई हाथ में बने पर्वतों के गुणों को बयान करती है, जो उंगली जितनी अधिक लम्बी होती है उसमें उससे सम्बन्धित पर्वत के उतने ही अधिक गुण होते हैं।

हाथ में प्रथम उंगली जिसे हम तर्जनी कहते हैं हाथ में गुरु पर्वत के ऊपर स्थित होती है। इसमें गुरु पर्वत के सभी गुण होते हैं जो इसकी लम्बाई पर निर्भर करते हैं, यदि इस उंगली की लम्बाई अधिक है तो इसमें गुरु पर्वत के गुण अधिक है और यदि इसकी लम्बाई सामान्य से कम है तो इसमें गुरु पर्वत के कम गुण पाए जाएंगे। इसी प्रकार से अन्य पर्वतों पर स्थित उंगलियों के बारे में जानिए। उंगलियों की लम्बाई अनुसार पर्वतों के गुणों को बयान करने से पूर्व यह अवश्य जान लें कि हाथ पर बने पर्वत किस प्रकार के हैं। यदि यह सुदृढ़, उभरे हुए हों और इन पर किसी प्रकार का ऋणात्मक चिह्न न बना हो तो यह अपने से सम्बन्धित उंगली में अपने गुणों को अधिक गुण देते हैं। लेकिन यदि किसी पर्वत पर यदि सबसे लम्बी उंगली हो और पर्वत पर द्वीप जैसा ऋणात्मक चिह्न बना है तो वह उस पर्वत के सभी गुणों को नष्ट कर देगा और उंगली में लम्बाई होते हुए भी वह उस पर्वत के गुणों से वंचित रह जाएगी।

गुरु पर्वत पर लम्बी उंगली : यह अधिकतर राजनेताओं, धार्मिक गुरुओं एवं उपदेशकों के हाथों में पाई जाती है। इस प्रकार की उंगली वाले व्यक्ति दूसरों पर अपना प्रभाव बनाते हैं। इनमें दूसरों पर राज्य करने की प्रवृत्ति व अपनी शक्ति का घमंड होता है। यदि यह लम्बाई में शनि पर्वत पर बनी उंगली के बराबर हो तो व्यक्ति में शासन करने की इच्छा बहुत अधिक होती है। यदि यह उंगली दिखने में टेढ़ी-मेढ़ी लगे तो व्यक्ति बहुत चालाक, स्वार्थी और धोखेबाज होता है। ऐसे लोगों से बचकर रहना चाहिए। चित्र-1

शनि पर्वत पर लम्बी उंगली : इस उंगली की लम्बाई वाले व्यक्ति कम बोलने वाले, शान्तप्रिय, एकान्तप्रिय एवं गहरी सोच वाले होते हैं। यह अधिक संतुलित दिमाग वाले होते हैं। यदि उंगली आगे नाखून के पास अर्थात (Tip) से पतली हो तो व्यक्ति असन्तुलित दिमाग वाला या फिर स्वार्थी व्यक्ति होता है और जब यह उंगली कुछ टेढ़ी-मेढ़ी हो तो ऐसे व्यक्ति में या तो खून करने की प्रवृत्ति पाई जाती है या फिर इनको मिर्गी सम्बन्धी रोग होता है। चित्र-2

सूर्य पर्वत पर लम्बी उंगली : इस उंगली में सूर्य पर्वत के सभी गुण होते हैं। यदि इसकी लम्बाई गुरु की उंगली के समान हो तो व्यक्ति में धन, प्रसिद्धि एवं सम्मान प्राप्त करने की इच्छा बहुत बढ़ जाती है।

उंगलियों की लम्बाई
हथेली की लम्बाई से कम

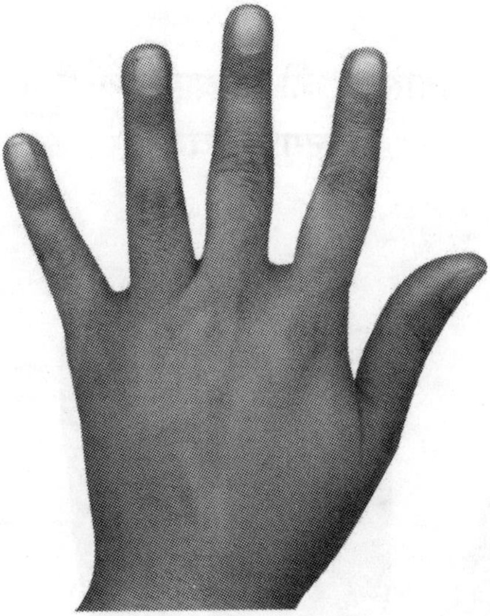

उंगलियों की लम्बाई
हथेली की लम्बाई से अधिक

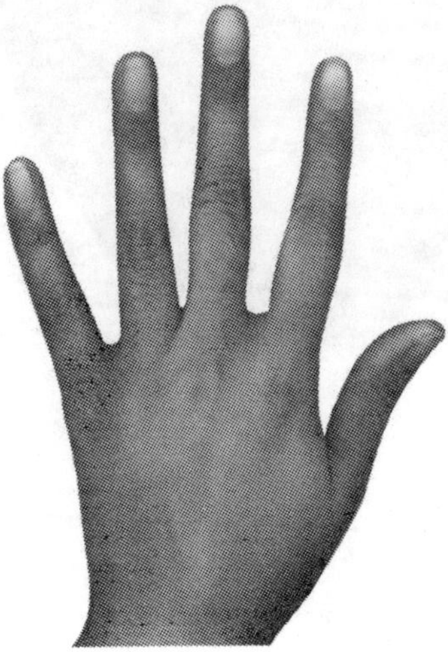

उंगलियों की लम्बाई हथेली
के लगभग बराबर

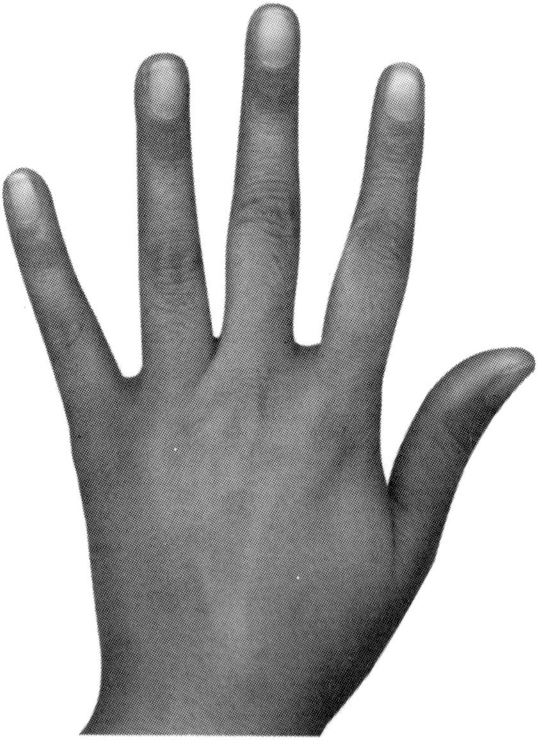

यदि यह उंगली बिल्कुल सीधी न होकर सबसे छोटी उंगली बुध की ओर झुकी हो तो यह चित्रकला, संगीत, कढ़ाई-बुनाई, आधुनिक डिजाइनों (मॉडलों की नए डिजाइन की पोशाकों) एवं कम्प्यूटर डिजाइनों में रुचि रखने वाले व्यक्तियों की ओर इशारा करती है।

यदि इसकी लम्बाई शनि वाली उंगली की लम्बाई के समान हो-तो ऐसी उंगली वाले व्यक्ति जुआ एवं सट्टा खेलने के आदि होते हैं और अपनी जिन्दगी तक दांव पर लगा देते हैं। यदि इसमें थोड़ा-सा ऊपर की तरफ से झुकाव हो तो-संगीत कला में भी रुचि रखने वाले होते हैं।

यदि इसमें धनुष बाण की तरह नीचे से ऊपर तक थोड़ा-सा झुकाव बना हो तो-यह उंगली उन भाग्यशाली व्यक्तियों की तरफ इशारा करती है जो बहुत बड़े उपदेशक, स्पीकर एवं एक्टर होते हैं, जिनमें एक्टिंग के साथ-साथ उनकी आवाज भी कई दिलों पर राज करती है।

मैंने अपने अध्ययन के दौरान यह देखा है कि यदि सूर्य वाली उंगली, बृहस्पति वाली उंगली से बड़ी हो-तो ऐसे व्यक्ति बड़ी-बड़ी हस्तियों अर्थात् प्रसिद्ध एवं सम्पन्न लोगों के साथ अपने सम्बन्ध रखते हैं जबकि स्वयं में वह एक साधारण व्यक्ति ही होते हैं। चित्र-3

बुध पर्वत पर लम्बी उंगली : इसे हम बुध की उंगली अर्थात् कनिष्ठिका भी कहते हैं यदि यह उंगली सामान्य से अधिक लम्बी हो तथा देखने में सीधी एवं साफ-सुथरी हो और अंगूठे के साथ समानता रखती हो अर्थात् मैचिंग हो तो ऐसे व्यक्ति में दूसरों को प्रभावित करने की शक्ति होती है।

जब यह उंगली बहुत लम्बी हो तो-ऐसे व्यक्तियों में लिखने एवं बोलने की अधिक शक्ति होती है। अधिकतर यह लोग दार्शनिक (Philosopher), लेखक या फिर उपदेशक (Orator) होते हैं।

यदि यह उंगली दिखने में भद्दी या टेढ़ी-मेढ़ी होती है तो ऐसे लोगों में चोरी करने की आदत होती है। चित्र-4

बृहस्पति पर्वत पर लम्बी उंगली

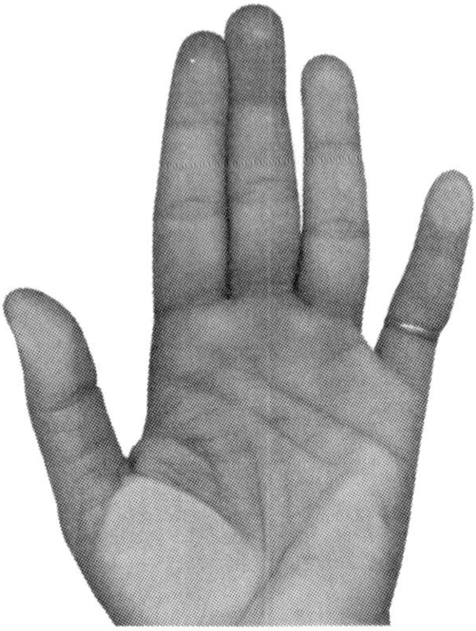

चित्र - 1

शनि पर्वत पर लम्बी उंगली

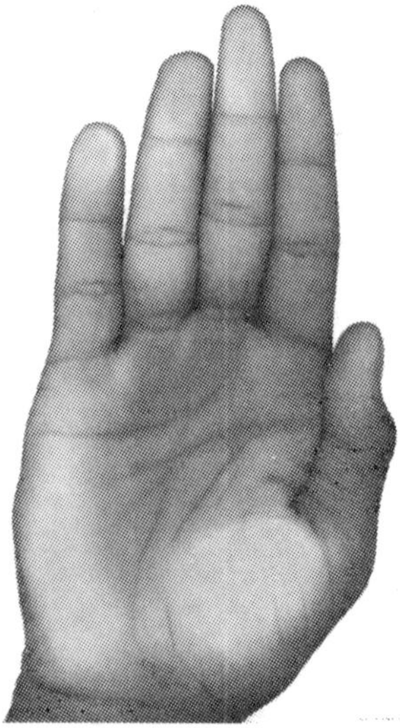

चित्र - 2

सूर्य पर्वत पर लम्बी उंगली

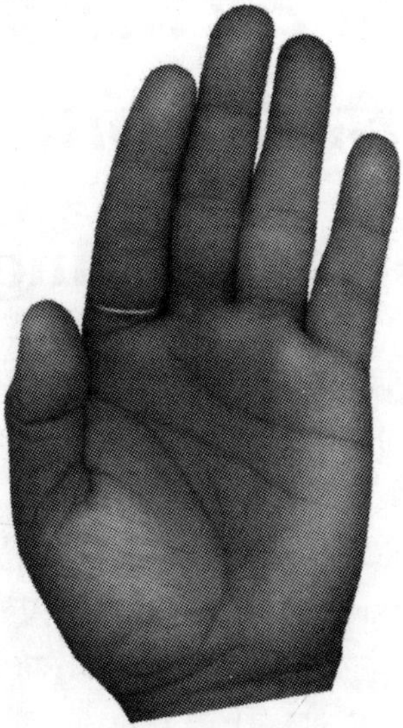

चित्र - 3

बुध पर्वत पर लम्बी उंगली

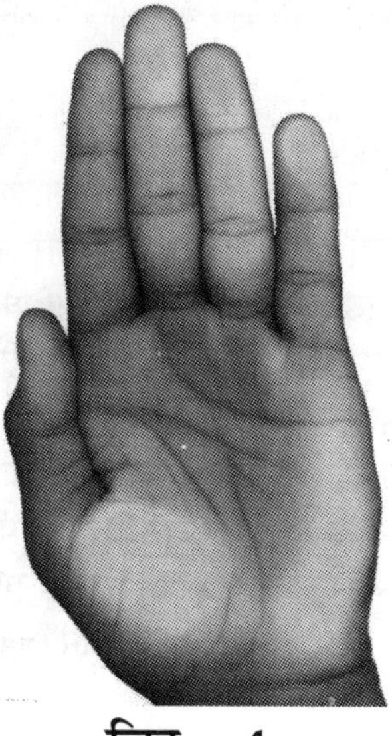

चित्र - 4

उंगलियों की बनावट एवं कार्यकलाप

(Shape of the fingers)

व्यक्ति के विचार, आदत एवं रुचि जानने में उंगलियों की बनावट का बहुत महत्त्व है। व्यक्ति की उंगलियों को देखकर उसके व्यवहार एवं रुचि के बारे में बहुत जानकारी मिलती है जो इस प्रकार से है-

(1) छोटी और मोटी उंगलियाँ : यह 'स्वार्थी' लोगों की ओर इशारा करती है, इस प्रकार के व्यक्ति केवल अपने फायदे एवं लाभ के विषय में ही सोचते हैं। उनको दूसरों से कुछ लेना-देना नहीं होता। यह अधिकतर असामाजिक, स्वार्थी और कठोर प्रवृत्ति के होते हैं। चित्र-1

(2) जब कमर जैसी बनावट हो : यदि आधार पर से इनकी बनावट कमर जैसी हो तो यह स्वार्थी नहीं होते और खाने-पीने के शौकीन भी नहीं होते। चित्र-2

(3) जब आधार पर से मोटी व गद्दे जैसी बनावट हो : तो ऐसे लोग खाने-पीने के शौकीन और सेक्सी होते हैं अर्थात् संभोग में अधिक रुचि रखते हैं। चित्र-3

(4) हाथ के नाखूनों के नीचे अधिक चर्बी अर्थात चमचाकार बनावट हो : इस प्रकार की उंगलियाँ अधिकतर चमचाकार हाथों (Spatulatic Hand) में देखने को मिलती है। उंगली का प्रथम पोरा अर्थात् नाखून वाला भाग व्यक्ति के मस्तिष्क से जुड़ा होता है। यहाँ पर अधिक चर्बी अधिक खून के संचार को दर्शाती है जिस कारण यह लोग बहुत जल्दी ही आवेश में आ जाते हैं और दूसरों को भला-बुरा कहकर उनके मन को ठेस पहुँचाते हैं। इसकी पुष्टि इनके हाथ में चन्द्र पर्वत की झुकी हुई मस्तिष्क रेखा कर देती है। चित्र-4

(5) उंगलियां लचीली होती हैं और हाथ के पीछे मोड़ने पर आसानी से मुड़ जाती है : ऐसे व्यक्ति बहुत ही सहज स्वभाव वाते होते हैं समय अनुसार सभी के साथ घुल-मिल जाते हैं इसलिए यह सामाजिक जीवन में बहुत सफल व सम्माननीय होते हैं। चित्र-5

छोटी और मोटी उंगलियां

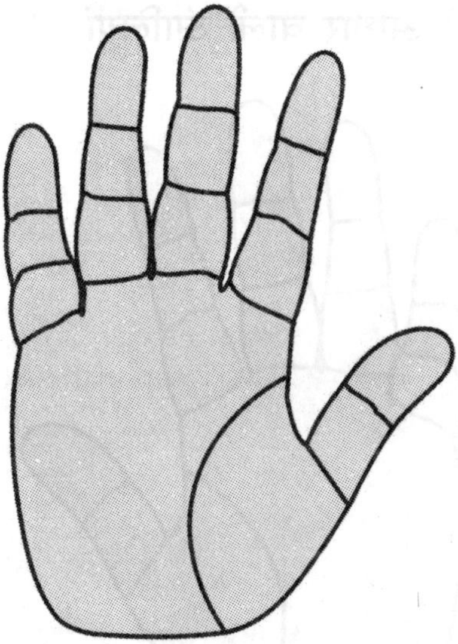

चित्र - 1

कमर जैसी बनावट वाली उंगलियां

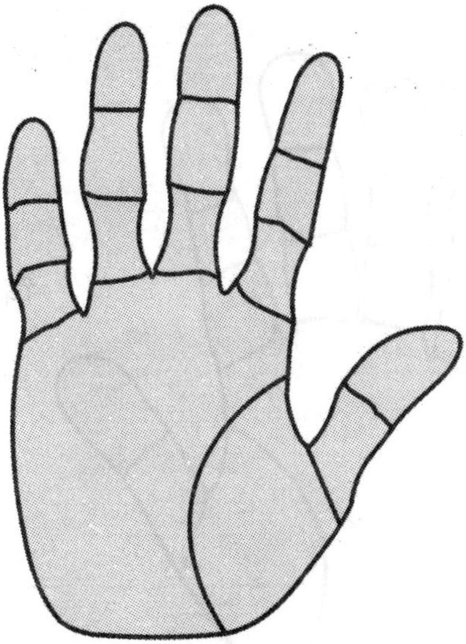

चित्र - 2

मोटे आधार वाली उंगलियां

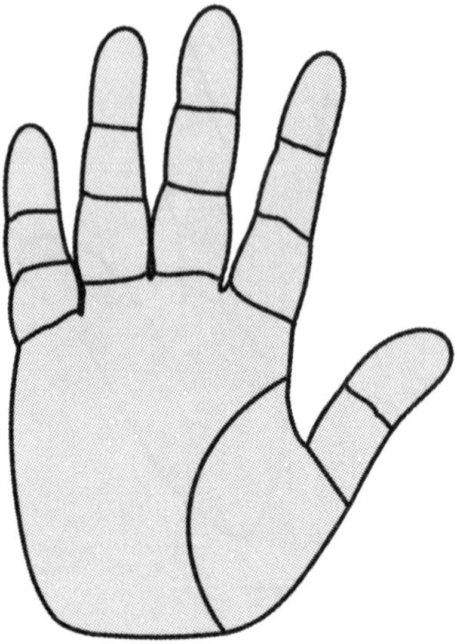

चित्र - 3

उंगलियों के पहले पोर पर गद्देदार चर्बी

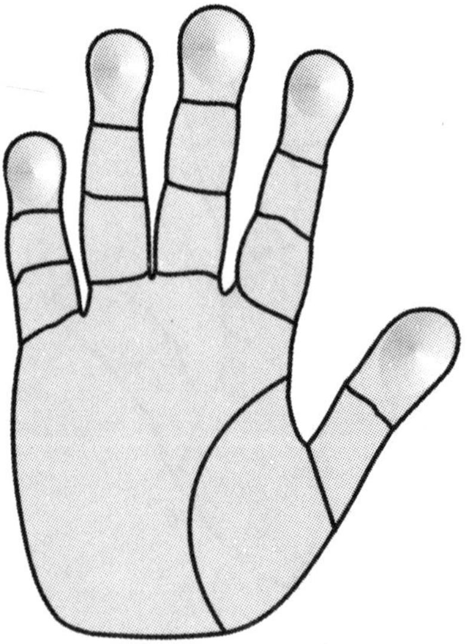

चित्र - 4

लचीली उंगली

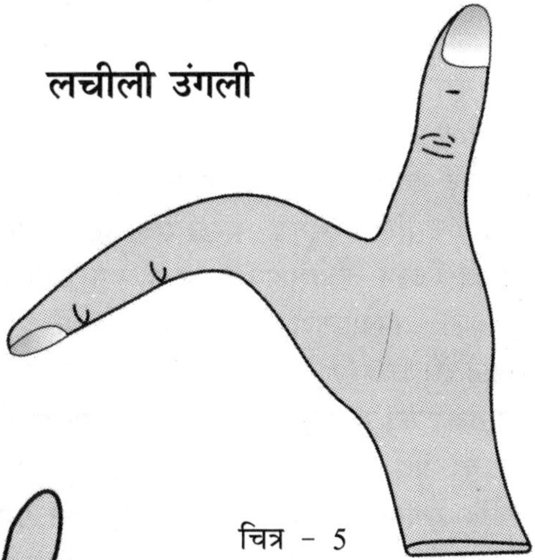

चित्र - 5

टेढ़ी-मेढ़ी उंगली

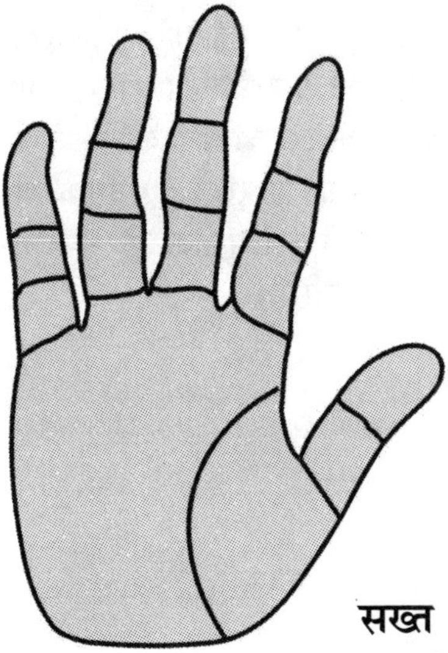

चित्र - 6

सख्त और सुदृढ़ उंगली

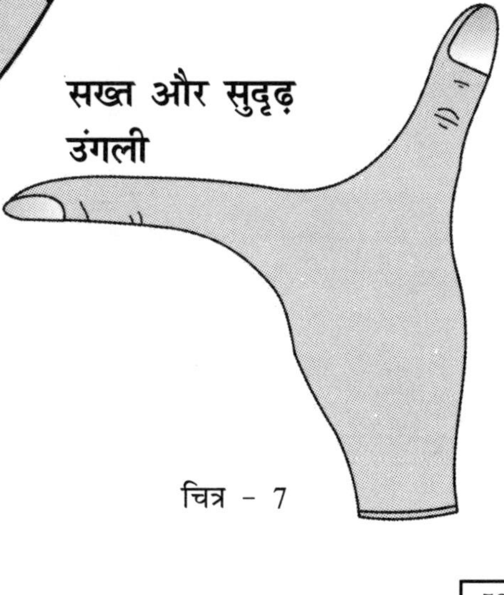

चित्र - 7

(6) उंगलियों की बनावट टेढ़ी-मेढ़ी हो : यह व्यक्तियों की बुरी आदतों की ओर इशारा करती है। बात-बात पर यह व्यक्ति क्रुद्ध हो जाते हैं इसलिए ऐसे लोगों के साथ रहना बहुत कठिन हो जाता है। इनकी इन आदतों की कमी व अधिकता इनके हाथ की बनावट पर निर्भर करती है। यदि हाथों की बनावट खराब हो तो इनमें बुरी आदतें और बढ़ जाती हैं। चित्र-6

(7) उंगलियाँ सुदृढ़, सख्त एवं ऐंठन वाली हों : यदि उंगलियाँ ऐंठी हुई, सख्त जिनमें लचीलापन न हो तो इस प्रकार के व्यक्ति अधिकतर कम बोलने वाले, अपने इरादों में पक्के और लड़ाई-झगड़ों में कम विश्वास रखने वाले होते हैं। चित्र-7

पाठकों को सलाह : पाठकों को यह सलाह दी जाती है कि उंगलियों की बनावट के साथ-साथ हाथ पर बनी मस्तिष्क व हृदय रेखा को भी अवश्य देख लें क्योंकि व्यक्ति का व्यवहार उसकी मस्तिष्क व हृदय रेखा को पढ़ने पर ही स्पष्ट होता है जबकि हाथ पर बने पर्वत उनके इस व्यवहार को घटाने-बढ़ाने का कार्य करते हैं! इसलिए सभी बातों को ध्यान में रखते हुए उसके बारे में भविष्यवाणी करें। **रेखाओं की पूर्ण जानकारी इस पुस्तक के श्रृंखला के अंतर्गत 'चमत्कारी रेखाओं' से ली जा सकती है।**

उंगलियों पर जोड़ों का महत्त्व

(Importance of knot on the Fingers)

उंगलियों में जोड़ (knots) एक प्रकार का अवरोध होता है जिसे हम एक प्रकार की दीवार या छानने वाली छन्नी अर्थात् जाली (Filter) के रूप में जानने का प्रयास करते हैं। यह चिह्न उंगलियों में व्यक्ति के तजुर्बे और विवेक के साथ सम्बन्धित है। यह अधिकतर कड़ी मेहनत करने वाले लोगों या फिर अधिक आयु वाले लोगों में उभरा हुआ पाया जाता है।

मुलायम, लचीले, फूले हुए और मोटे हाथों में अक्सर यह चिह्न देखने को नहीं मिलता। सख्त, सुदृढ़, अकड़े हुए और बिना लचकदार उंगलियों में यह अक्सर देखने को मिलते हैं।

पहला जोड़ : उंगली के नाखून वाले भाग पर होता है। इसका सम्बन्ध व्यक्ति के मस्तिष्क से होता है इसलिए नाखून वाले भाग के नीचे वाले जोड़ को मस्तिष्क जोड़ (Mental Knot) अर्थात् मस्तिष्क की कार्य प्रणाली बताने वाला जोड़ कहते हैं।

दूसरा जोड़ : यह उंगली के दूसरे व तीसरे भाग को जोड़ता है व्यक्ति की उंगली का दूसरा भाग उसके कार्यकलाप, व्यापार, नौकरी आदि से सम्बन्धित होता है इसलिए इस जोड़ को धन वाला जोड़ (Materialistic knot) कहते हैं।

व्यक्ति की सोच सर्वप्रथम उंगली के सबसे ऊपरी भाग अर्थात् नाखून वाले भाग में प्रवेश करती है, उसकी यह सोच उंगली के प्रथम जोड़ पर छनकर अर्थात् व्यक्ति की अन्तर्रात्मा से विचार करने के उपरान्त यह उंगली के दूसरे भाग अर्थात् कार्यकलाप करने वाले भाग तक पहुँचती है। यहाँ आकर यह व्यक्ति के तजुर्बे (Experience) की जाली में छनती है अर्थात् व्यक्ति अपनी सोच-समझ के उपरान्त ही अपनी सोच से सम्बन्धित योजनाओं को अंजाम देता है।

पहला जोड़ अधिक विकसित और दूसरा जोड़ सपाट होः
(First knot much developed and second knot smooth)

पहला जोड़ व्यक्ति की तीक्ष्ण बुद्धि को दर्शा रहा है जबकि दूसरा जोड़ उसकी व्यक्तिगत एवं व्यापारिक गतिविधियों के प्रति उसकी लापरवाही बता रहा है।

यदि दूसरा जोड़ पहले जोड़ की अपेक्षा अधिक विकसित अर्थात् उभरा हुआ हो (If second knot is much developed than first) : ऐसे व्यक्ति किसी कार्य को करने से पूर्व ज्यादा सोच-विचार नहीं करते। बस अपना घर बाहर साफ-सुथरा रखते हैं। लेकिन व्यापार के प्रति सचेत रहते हैं धन और व्यापार आदि से जुड़े कार्यों को भी बड़े नियमानुसार करते हैं।

उंगलियों के जोड़

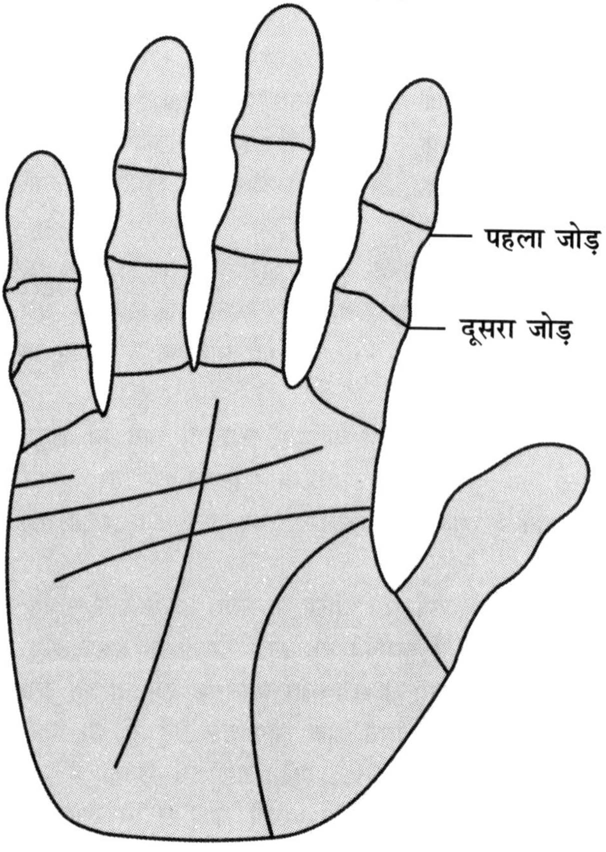

मस्तिष्क जोड़ की कुछ विशेषताएँ:

अ. यदि उंगली का नाखून वाला प्रथम भाग वर्गाकार हो और पहला जोड़ भी उभरा हुआ हो (Square tips with knot):

ऐसे व्यक्ति बड़े टैक्निकल होते हैं कोई भी कार्य हो बड़ी खोज-खबर उपरान्त करते हैं। बातों ही बातों में सब जानकारी प्राप्त कर लेते हैं।

ब. यदि उंगली नाखून वाला भाग चमचाकार हो और पहला जोड़ उभरा हुआ हो (Spatulate tips with knot):

इस प्रकार के व्यक्ति बड़े हठी होते हैं बड़ी मुश्किल से मानते व समझते हैं बस वही सहीं हैं बाकी सब गलत है।

स. यदि नाखून वाला भाग कलात्मक कोण जैसा अर्थात् पैना हो और जोड़ उभरा हुआ हो (Conic or pointed tips with knot):

ऐसे व्यक्ति धार्मिक प्रवृत्ति के होते हैं सभी की बातों में आ जाते हैं। लोग अक्सर इनको बेवकूफ बनाते हैं।

द. यदि नाखून वाला भाग चमचाकार-वर्गाकार हो और जोड़ उभरा हुआ हो (Spatulate and Square tips with knots):

ऐसे व्यक्ति अद्‌भुत प्रवृत्ति के होते हैं वह किसी भी बात पर टिकते नहीं, शीघ्रता से बात के मुद्दे (Topic) बदलते रहते हैं। वह किसी का विश्वास नहीं करते। उनका मानना है जब तक स्वयं वह उस चीज को नहीं देख लेंगे और छू लेंगे तब तक विश्वास नहीं करेंगे।

उंगलियों का पहला पोरा

(First Finger's Tips)

उंगलियों के पहले पोर का सम्बन्ध मस्तिष्क से होता है। इसकी बनावट में बदलाव होने पर व्यक्ति की सोच में बदलाव का होना स्वाभाविक है। यही कारण है की अलग-अलग स्वरूप वाले पोर होने पर व्यक्तियों की सोच में भिन्नता पाई जाती है। यहाँ पर उंगली के पहले मस्तिष्क वाले पोर भिन्न होने पर उनकी सोच किस प्रकार से एक दूसरे से अलग-अलग होती है, का वर्णन किया गया है।

1. चमचाकार पोर (Spatulate Tips) : इस प्रकार के पोर पर अधिक चर्बी होने के कारण मस्तिष्क में रक्त का संचार अधिक मात्रा में होता है जिस कारण इनमें दिमागी कार्य करने की क्षमता बहुत होती है। इनके दिमाग पर अधिक चर्बी वाली जाली अर्थात् छन्नी (Filter) लगा होने के कारण यह दूसरों की सलाह को नहीं मानते और न ही यह अपने कार्य में दूसरे लोगों का हस्तक्षेप पसन्द करते हैं। यह समझते हैं जो यह कर रहे हैं बस वही सही है बाकी सब गलत है। इनकी सोच अधिकतर नकारात्मक होने के कारण यह दूसरों में कमियाँ निकालते रहते हैं अर्थात् आलोचक होते हैं।

2. वर्गाकार पोरे (Square Tips) : बहुत ही तजुर्बेकार व प्रयोगात्मक होते हैं। टैक्निकल साइंस की तरफ इनका झुकाव अधिक होता है। यह समय के महत्त्व को अधिक प्राथमिकता देते हैं। इसलिए सभी कार्य समय अनुसार पूर्ण करते हैं और अन्य लोगों से भी इसी प्रकार की अपेक्षा रखते हैं। चाहे कार्य किसी भी प्रकार का क्यों न हो यह उसके प्रबन्ध में नियमों एवं रख-रखाव का पूरा ध्यान रखते हैं। इस प्रकार के पोरों वाले व्यक्ति अच्छे शासक व मैनेजमेंट से जुड़े होते हैं। बड़े-बड़े इन्जीनियर, सर्जन, संगीतकार एवं खोजकर्ताओं के हाथ के पोरे इसी प्रकार के ही होते हैं।

3. कलात्मक पोरे (Conic Tips) : यह अधिकतर औरतों के हाथों में पाए जाते हैं। इनमें संगीत-कला, चित्रण आदि के अधिक गुण होते हैं। किसी भी

चमचाकार पोरे

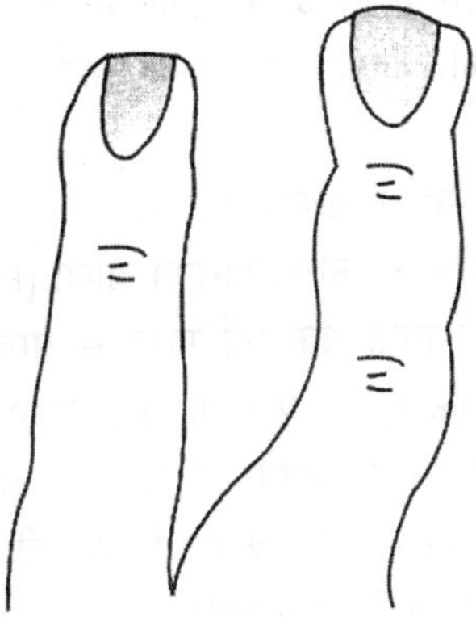

चित्र 1

वर्गाकार पोरे

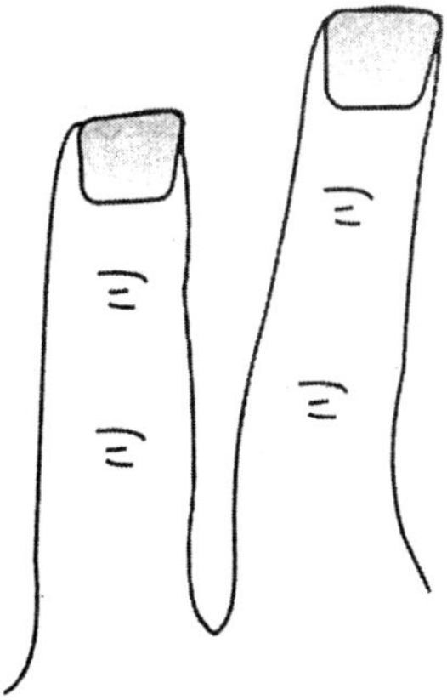

चित्र 2

कलात्मक पोरे

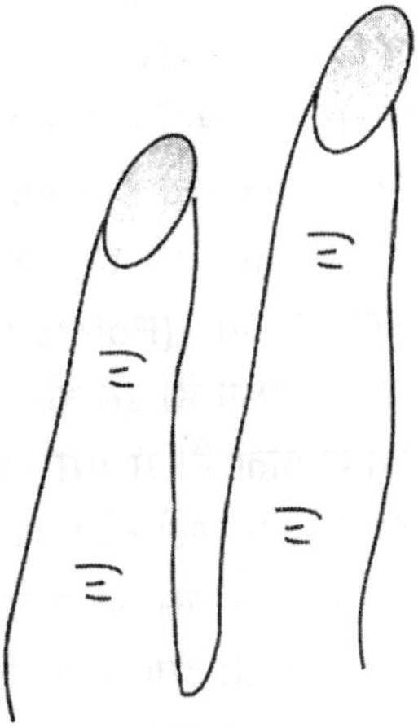

चित्र 3

नुकीले पोरे

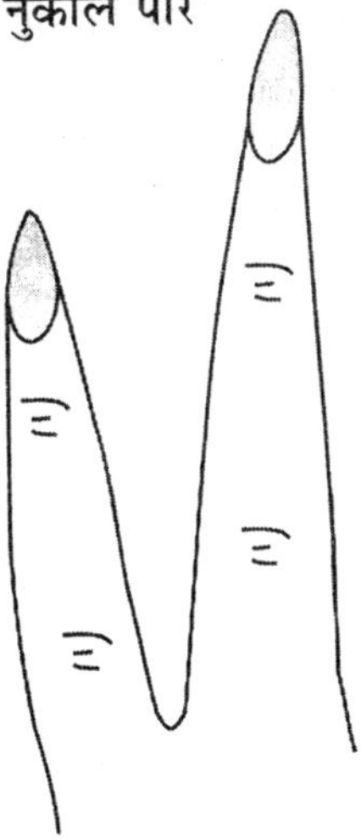

चित्र 4

कार्य को नियम एवं समय अनुसार करना इनके बस की बात नहीं। ऐसे लोग स्वतंत्र विचारों के होते हैं। यह किसी भी प्रकार की बंदिश पसन्द नहीं करते। इनके पोरों पर कम चर्बी होने के कारण सोच की जाली (Filter) बहुत खुली होती है। जो विचार मन में आता है उसे बिना सोचे-समझे तुरन्त अमल में ले आते हैं। जो चीजें इन्हें दिखने में अच्छी लगती हो उनके गुणों को बिना जाने ही यह उन्हें अपना लेते हैं। व्यवहार में इनको जितनी जल्दी गुस्सा आता है उतनी ही जल्दी यह शान्त भी हो जाते हैं।

4. नुकीले पोरे (Pointed Tips) : यह कलात्मक पोरे का और अधिक बिगड़ा हुआ स्वरूप है। इस पोरे पर चोंच होने के कारण दिमागी जाली (Filter) न के बराबर होता है। मैं ऐसे व्यक्तियों को बिना ब्रेक की गाड़ी से सम्बोधित करता हूँ। ऐसे पोर वाले लोग आज के भौतिक युग में पूर्णतया असफल होते हैं। व्यापार करना इनके बस की बात नहीं। इनकी सोच पूर्णतया अप्रयोगात्मक (Non-practical) होती है। इसी कारण जिन्दगी के हर मोड़ पर केवल निराशा ही इनके हाथ लगती है। यह ख्वाबों की दुनिया में रहते हैं। व्यावहारिक जीवन में इन्हें खूबसूरत चीजों से बहुत प्यार है। यह चाहते हैं कि इन्हें कोई कुछ न कहे जो इनके जी में आए उसी प्रकार से जीवन में आनन्द की प्राप्ति करें। यह विचारों एवं स्वभाव में श्रेष्ठ तो होते हैं लेकिन बिना सोचे-समझे औरों के बहकावे में आकर कार्य करने से यह अधिकतर लुट जाते हैं चाहे वो इनका पैसा हो या फिर इनकी इज्जत।

उंगलियों के पोर की लम्बाई

(Lenth of Finger's Phalanges)

व्यक्ति के हाथ में उंगलियों के पोर की बनावट अर्थात् लम्बाई चौड़ाई का बहुत महत्त्व है। यहाँ पर पोरों के गुणों का विश्लेषण करने के लिए उन्हें तीन प्रकार के भागों में बांटा गया है। पहले पोर का सम्बन्ध व्यक्ति के मस्तिष्क के साथ, दूसरे पोर का भौतिक कार्यकलापों के साथ व तीसरे पोरे का सम्बन्ध खान-पान एवं ऐशो आराम के साथ सम्बन्धित है। हाथों पर पर्वतों के गुण जो तीसरे पोर से होते हुए प्रथम पोर अर्थात् मस्तिष्क तक पहुँचते हैं उनमें इन पोरों की भूमिका क्या है अर्थात् पर्वतों के कितने गुण इनके माध्यम से होते हुए मस्तिष्क तक पहुँचते हैं यह जानना अति आवश्यक है।

1. पहला पोर लम्बा हो (First Phalanx)

अ. यदि उंगली का पहला पोर सबसे लम्बा है तो व्यक्ति के मस्तिष्क वाले गुणों से व्यक्ति अधिक प्रभावित होगा।

ब. यदि यह पोर छोटा है तो मस्तिष्क वाले गुणों की तुलना में दूसरे पोर के भौतिक (materialistic) गुण अधिक क्रियाशील होंगे।

2. यदि दूसरा पोर सबसे लम्बा हो (Second Phalanx the largest and longest):

अ. तो व्यक्ति की व्यापारिक (Commercial) गतिविधियाँ अधिक प्रभावी होंगी।

ब. यदि दूसरा पोर 'मोटा और लम्बा' है, तो धन कमाने से जुड़े कार्य अधिक प्रभावी होंगे।

स. यदि दूसरा पोर 'सबसे छोटा' है, तो पहले व तीसरे पोरे के गुण पोरों की बनावट अनुसार प्रभावी होंगे।

3. यदि तीसरा पोर सबसे लम्बा व मोटा हो (If third phalanxis very long and thick):

अ. तो व्यक्ति सम्भोग (Sex) में अधिक रुचि रखने वाला, आरामदायक (Luxry and comforts) जीवन व्यतीत करने वाला व खान-पान का अधिक शौकीन होता है।

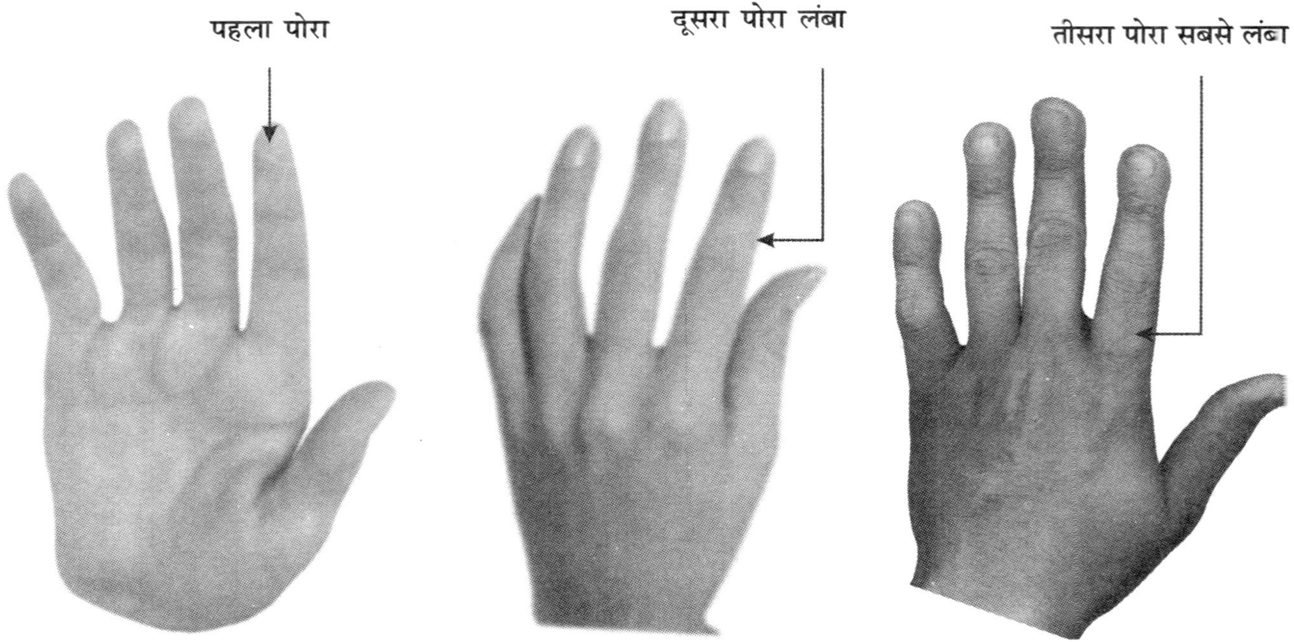
पहला पोरा
दूसरा पोरा लंबा
तीसरा पोरा सबसे लंबा

ब. यदि तीसरा पोर सुदृढ़ अर्थात् सबसे मजबूत है तो व्यक्ति का भौतिक (materialistic) वस्तुओं के प्रति अधिक झुकाव होगा।

स. यदि तीसरा पोर बहुत अधिक मोटा है तो व्यक्ति खाने-पीने (Drinks) का बहुत शौकीन और भोग विलासी (Sexy) होगा।

द. यदि तीसरा पोर अन्दर की तरफ दबा हुआ अर्थात् कमर की तरह बनावट में होगा-तब व्यक्ति की खाने-पीने में रुचि न होकर उसकी रुचि दिमागी और व्यापारिक कार्यों में अधिक होगी।

प. यदि पहला, दूसरा व तीसरा पोरा सामान्य रूप से बराबर छोटे एवं मोटे होंगे-तो व्यक्ति का दिमागी कार्यों के प्रति कम रुचि रखेगा, केवल धन कमाने व खाने-पीने के शौक को बरकरार रखेगा। यहाँ पर तीसरा पोर सेक्स के प्रति चाह न दर्शाते हुए व्यक्ति की रुचि आरामदायक जीवन व्यतीत करने की होती है।

हाथों में मोटे पोर व्यक्ति को भद्दे गुणों का अभिव्यक्त करते हैं जबकि लम्बे पोरे व्यक्ति के गुणों को सुदृढ़ करते हैं।

तीसरा पोरा सेक्स की ओर आकर्षित करता है लेकिन यदि पहला पोर कलात्मक (Artistic) बनावट का हो तो सेक्स के प्रति चाह और अधिक बढ़ जाती है।

यदि उंगलियों की लम्बाई बहुत अधिक है और उनमें आपसी दूरी भी अधिक है अर्थात् उंगलियों के बीच स्थान खाली है और तीसरे पोर की बनावट कमर जैसी है तो ऐसे व्यक्ति का मस्तिष्क कुछ खोजबीन वाला होता है जबकि वास्तविकता में वह शोधकर्ता नहीं होता बल्कि दूसरों के बारे में जानकारी प्राप्त करने की प्रवृत्ति रखता है।

उंगलियों के बीच दूरी

(Space between the fingers)

उंगलियों के बीच की दूरी से बहुत महत्त्वपूर्ण जानकारी मिलती है जिससे यह पता चलता है कि व्यक्ति का मस्तिष्क और कार्य करने का ढंग किस प्रकार का है।

यदि उंगलियों में बीच की दूरी एक समान है तो संतुलित दिमाग एवं आदतें होती हैं। यदि गुरु व शनि की उंगली के बीच अधिक दूरी है तो व्यक्ति के विचार स्वतंत्र प्रवृत्ति के होते हैं।

यदि शनि व सूर्य की उंगली के बीच अधिक स्थान होता है तो भविष्य के प्रति जागरुक नहीं होता। यदि सूर्य व बुध की उंगली के बीच अधिक स्थान हो तो व्यक्ति स्वतंत्र रूप से कार्य को अंजाम देता है।

अंगूठे और बृहस्पति की-उंगली के बीच की दूरी :

(Space between the thumb and jupiter finger)

यदि अंगूठे व बृहस्पति की उंगली के बीच अधिक स्थान हो, तो व्यक्ति सुलझा हुआ होता है और अपने विवेक से कार्य करता है। यदि अंगूठे व बृहस्पति की उंगली के बीच कम स्थान हो तो व्यक्ति कम सुलझा हुआ एवं स्वार्थी होता है। उसमें विवेक की कमी के साथ उसका चरित्र भी शिथिल होता है।

अंगूठे की बनावट

(Shape of the thumb)

बड़ा व छोटा अंगूठा (Large and small thumb):

अंगूठा हाथ का बहुत ही महत्त्वपूर्ण अंग है। यह हाथ की चारों उंगलियों को सन्तुलन में रखता है। चारों उंगलियाँ अपने आप में स्वतंत्र होते हुए भी बिना अंगूठे के किसी कार्य को करने में असमर्थता जताती हैं। इसकी मजबूती और कमजोरी व्यक्तियों के मजबूत एवं कमजोर चरित्र का प्रमाण देती है। लम्बे व मजबूत अंगूठे वाले व्यक्ति छोटे व कमजोर अंगूठे वाले व्यक्तियों की अपेक्षा अधिक चरित्रवान होते हैं।

अंगूठे की किस्म (Type of thumb) : 1. बड़ा अंगूठा, 2. छोटा अंगूठा और 3 छोटा, मोटा और भद्दा अंगूठा।

1. बड़ा अंगूठा : बड़ा अंगूठा व्यक्ति के 'मस्तिष्क' के साथ जुड़ा होता है इसलिए व्यक्ति प्रत्येक कार्य में दिमाग का प्रयोग करता है और अंगूठे के नीचे बने शुक्र पर्वत अर्थात् सेक्स को मस्तिष्क के सहयोग से नियन्त्रण में रखता है और चरित्रवान बनता है। चित्र 1

2. छोटा अंगूठा : यह आकार में छोटा होता है और इसका सम्बन्ध व्यक्ति के 'हृदय' के साथ होता है। हृदय के साथ जुड़ा होने के कारण इसके नीचे बने शुक्र पर्वत से उठने वाले सेक्स के आवेग को यह नियन्त्रण में नहीं कर पाता इसलिए चरित्र में शिथिल होता है। छोटे अंगूठे वाले लोग अधिक हठी, कमजोर स्मरण शक्ति (will power) वाले, स्वार्थी व्यक्ति होते हैं। चित्र 2

3. छोटा, मोटा और भद्दा अंगूठा : इस प्रकार का अंगूठा व्यक्तियों में बुरी सोच, हृदय में कठोरता, नीच एवं आपराधिक सोच, जानवरों जैसा सेक्स करने की प्रवृत्ति, हठी, स्वार्थी व अपनी इच्छा की पूर्ति के लिए सभी हदें पार कर जाते हैं। चित्र 3

अधिकतर यह देखने में आता है कि लम्बे अंगूठे वाले व्यक्तियों की रुचि खुशी से जुड़ी रहती है और यह जीवन में वास्तविकता और तजुर्बे के साथ आगे बढ़ते हैं। जबकि छोटे अंगूठे वाले खूबसूरती और भावनाओं को महत्त्व देते

बड़ा अंगूठा

चित्र - 1

छोटा अंगूठा

चित्र - 2

छोटा, मोटा और भद्दा अंगूठा

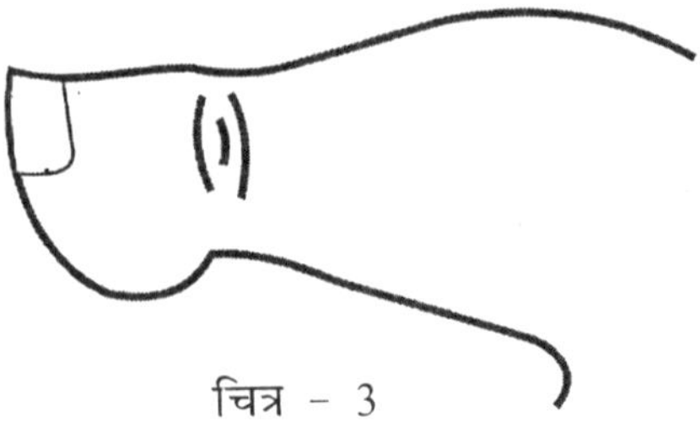

चित्र - 3

पहला पोर लम्बा

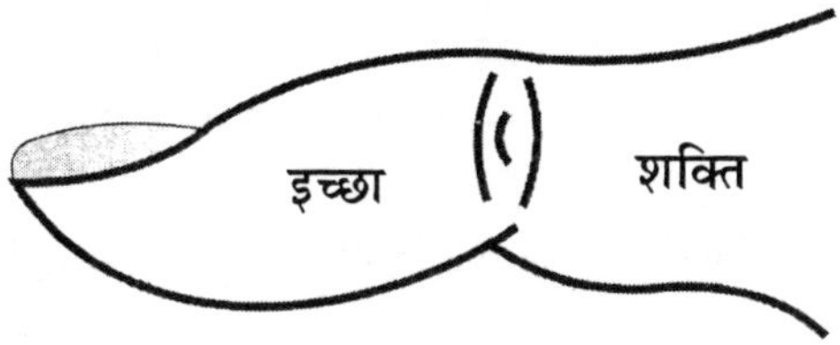

चित्र - 1

दूसरा पोर लम्बा

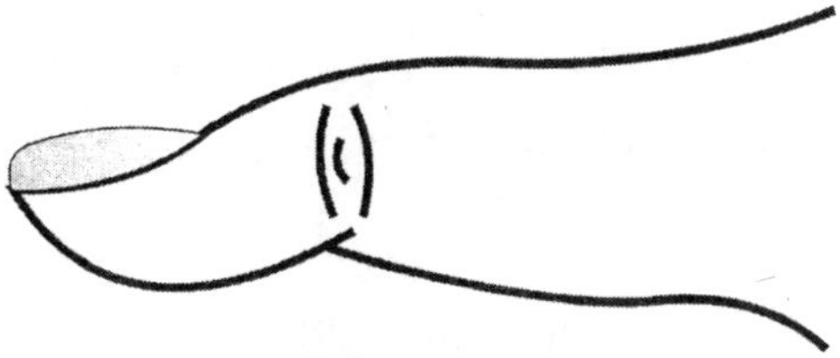

चित्र - 2

तीसरा पोर लम्बा

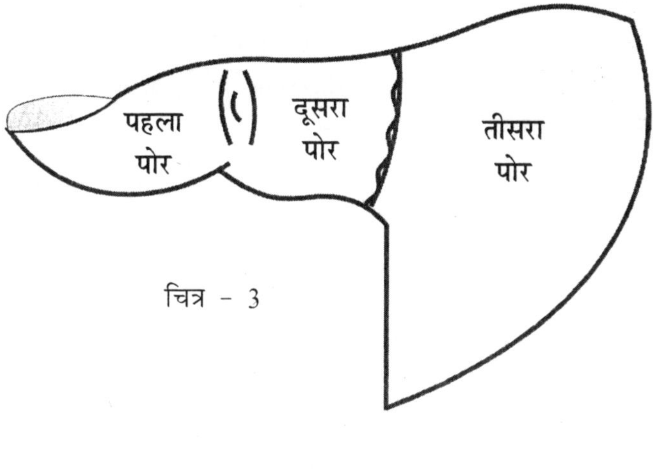

चित्र - 3

हैं। अंगूठे के पूर्ण चित्रण अर्थात् कार्यकलापों को पूर्ण रूप से जानने के लिए इसे मुख्यतया तीन भागों में बांटा गया है जो इस प्रकार से हैं-

1. पहला पोर (First Phalanx) : इच्छा शक्ति (will power)
2. दूसरा पोर (The Second Phalanx) : वास्तविकता (logic)
3. तीसरा पोर (The Third Phalanx) : भौतिक सुख व सेक्स (Luxry life, love, sex, art)

अंगूठे के तीनों पोरे यदि आकार में एक समान हों तो अंगूठे में उपरोक्त तीनों गुण सामान्यत संतुलित होते हैं।

यदि अंगूठे का पहला पोर बहुत लम्बा है (चित्र 1): तो व्यक्ति केवल स्मरण शक्ति के बल पर आगे बढ़ता है जिसमें कोई वास्तविकता नहीं होती। यदि दूसरा पोर अधिक लम्बा हो (चित्र 2), तब व्यक्ति की कार्य पद्धति (Planning) तो वास्तविक होती है पर स्मरण शक्ति (will power) कम होने के कारण वह अपने कार्यों को अंजाम नहीं दे पाता।

जब तीसरा पोर बड़ा हो तो (चित्र 3): व्यक्ति पर तीसरे पोरे से जुड़े गुण-भौतिक सुख (Luxry life) व सेक्स सम्बन्धी गतिविधियाँ अधिक कार्यशील होती हैं।

लचकदार और सुदृढ़ अंगूठा (Flexible and stiff thumb) :

व्यक्ति का अंगूठा लचकदार या सुदृढ़ होना व्यक्ति के विषय में बहुत महत्त्वपूर्ण जानकारी देता है। यदि अंगूठा नरम, लचकदार, हथेली के पीछे की ओर झुक जाता है तो व्यक्ति कलात्मक कार्यों में रुचि रखने वाला होता है। अस्थिर विचारों वाला, कम हठी होता है। जबकि सुदृढ़, सख्त, बिना लचक वाला अंगूठा जो ताकत लगाने पर भी पीछे की तरफ नहीं झुकता, वह व्यक्ति बहुत हठी, अधिक इच्छाशक्ति (will power) वाला, कलात्मक रुचि से दूर, पक्के इरादे वाला होता है।

अंगूठे के प्रकार

(Parts of the thumb)

अंगूठे को यहाँ पर चार भागों में विभाजित किया गया है-

1. चमचाकार अंगूठा (clubbed thumb)
2. लचकदार अंगूठा (flexible thumb)
3. सामान्य जोड़ वाला सुदृढ़ अंगूठा (Non-jointed thumb)
4. कमर जैसा अंगूठा (waist like thumb)

1. चमचाकार अंगूठा (The clubbed thumb) : जब अंगूठे का नाखून वाला पोर मोटा एवं वजनी चम्मच की तरह बना हो और उस पर छोटा, चपटा नाखून हो जिसकी चौड़ाई लम्बाई की अपेक्षा अधिक हो और नाखून ऊपर से खुरदुरा हो तो इसे खून (murder) करने वाला अंगूठा कहते हैं। यह स्वभाव में बहुत हठी और शीघ्र ही बहुत आवेश में आ जाते हैं। इनका गुस्सा बहुत भयानक होता है। इसका मुख्य कारण है कि अंगूठे का प्रथम पोर मोटा व भारी होने के कारण इंसमें खून की मात्रा अधिक होती है। अंगूठे के इस भाग का मस्तिष्क से सीधा सम्बन्ध होने के कारण गुस्से में इनके मस्तिष्क पर खून सवार हो जाता है, यह अपना आपा खो देते हैं और इनसे खून (murder) हो जाता है। चित्र-1

2. लचकदार अंगूठा (Flexible thumb) : इस प्रकार के अंगूठे वाले व्यक्ति अधिकतर खर्चीले स्वभाव के होते हैं। इनके विचारों में भी परिवर्तन आता रहता है अर्थात् स्थिरता की कमी रहती है। यह समय अनुसार परिस्थितियों को देखकर अपने आप को उनमें ढाल लेते हैं इसलिए समाज में सम्माननीय होते हैं। यह व्यवहार में दयालु व मददगार होते हैं। चित्र-2

3. सामान्य जोड़ वाला सुदृढ़ अंगूठा (The non-flexible jointed thumb) : व्यक्ति प्रैक्टिकल विचारों वाले ड़ोते हैं इनमें दूसरों को परखने की अधिक सोच होती है। इनकी इच्छा शक्ति सुदृढ़ विचारों वाली होती है। इसके अलावा यह अपने वायदे के बहुत पक्के होते हैं। चित्र-3

चमचाकार अंगूठा

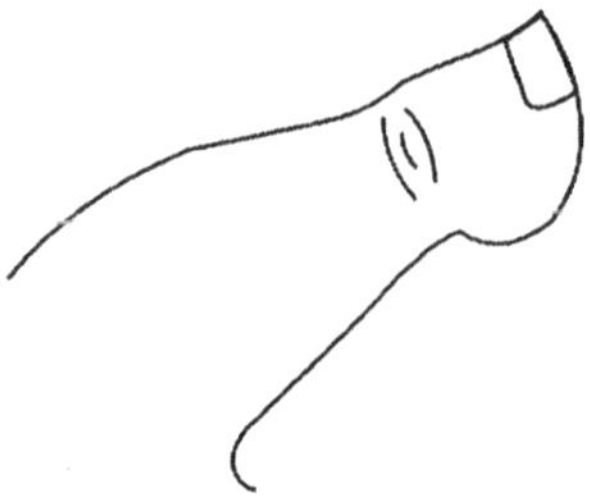

चित्र - 1

लचकदार अंगूठा

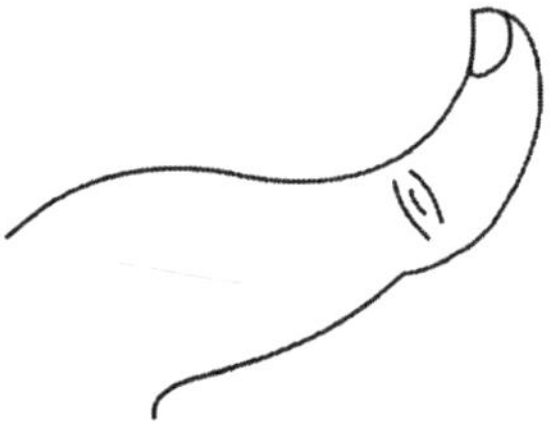

चित्र - 2

सामान्य जोड़ वाला सुदृढ़ अंगूठा

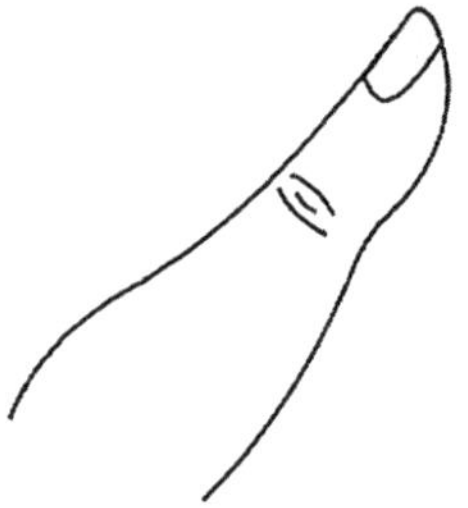

चित्र - 3

कमर जैसा अंगूठा

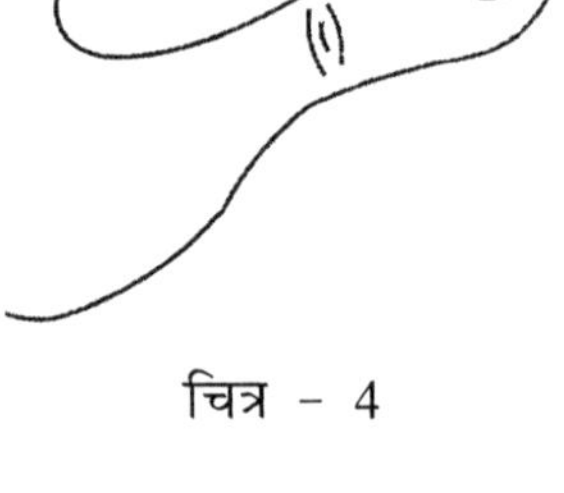

चित्र - 4

4. **कमर जैसा अंगूठा (Waist like thumb) :** इस प्रकार के अंगूठे का दूसरा पोर कमर जैसा अन्दर की तरफ दबा हुआ होता है। यह बहुत चालाक, समझदार और होशियार प्रवृत्ति के होते हैं। इनके कार्य करने का ढंग राजनैतिक (Diplomatic) होता है। यह सही समय पर सही व्यक्ति से मुलाकात कर अपने कार्यों को अन्जाम देते हैं। यदि इनका पोर अधिक लम्बा है तो इनकी बातों में सच्चाई और वास्तविकता होती है। चित्र-4

हाथ पर अंगूठे का स्थान

(Position of the thumb in hand)

अंगूठे की बनावट और आकार के महत्त्व उपरान्त हाथ में बने अंगूठे के स्थान को भी जानना अति आवश्यक है क्योंकि व्यक्ति के विचार, भाव एवं प्रवृत्ति का अंगूठे के स्थान (जिस पर यह खड़ा है) के साथ गहरा सम्बन्ध है। इस सम्बन्ध को जानने के लिए अंगूठे के स्थान को मुख्य तीन भागों में विभाजित किया गया है–

1. ऊपर की ओर स्थित अंगूठा (High set)
2. नीचे की ओर स्थित अंगूठा (Low set)
3. मध्य में स्थित अंगूठा (Medium set)

1. ऊपर की ओर स्थित अंगूठा (High set) : यह ऊपर की ओर बृहस्पति की उंगली के पास स्थित होता है, जब इसको पीछे की तरफ खोला जाता है तो यह ठीक प्रकार से पूरा नहीं खुलता केवल 80^0 अंश तक लगभग खुल पाता है। इसे बन्दर का अंगूठा भी कहते हैं क्योंकि बन्दरों का अंगूठा काफी ऊपर की तरफ, अकड़ा हुआ और हाथ के पास होता है।

इसको छूने से पता चलता है कि यह अकड़ा हुआ, सुदृढ़, बिना लचक वाला है। व्यावहारिक दृष्टि से देखें तो ऐसे अंगूठे वाले व्यक्ति बन्दर की तरह स्वार्थी, छोटी सोच रखने वाले, केवल अपने लाभ के विषय में सोचने वाले, चालाक और धोखे से भरे विचार रखने वाले होते हैं। संक्षेप में यह कह सकते हैं कि इन व्यक्तियों में आत्म सम्मान की कमी, चरित्र शिथिल और विचार मूर्खता से जुड़े होते हैं।

अ. ऊपर की ओर स्थित छोटा अंगूठा (High set short thumb) : यदि यह अंगूठा छोटा हो तो व्यक्ति अधिक सेक्सी, सोच में कमजोर, पागलों जैसा व्यवहार करने वाला, चरित्रहीन होता है।

ऊपर की ओर स्थित अंगूठा

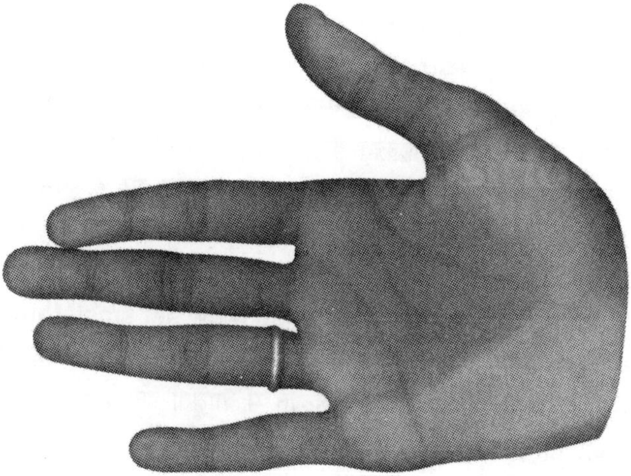

चित्र-1

नीचे की ओर स्थित अंगूठा

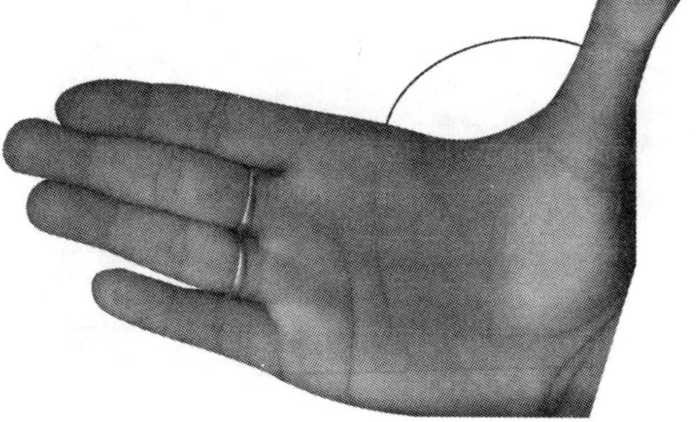

चित्र-2

ब. ऊपर की ओर स्थित बड़ा अंगूठा (High set large thumb) : यह अंगूठा लम्बा और ऊपर की तरफ स्थित होता है और बृहस्पति वाली उंगली के द्वितीय पोर तक पहुँच जाता है। ऐसे व्यक्ति कम भावनात्मक विचारों के होते हैं। उनमें छोटे अंगूठे की तुलना में सेक्स व क्राइम सम्बन्धी विचार कम होते हैं।

2. नीचे की ओर स्थित अंगूठा (Low set thumb) : यह हाथ में शुक्र पर्वत पर नीचे की तरफ बृहस्पति की उंगली से दूर स्थित होता है। इस प्रकार के अंगूठे वाले व्यक्ति प्यार-मोहब्बत करने वाले, दयालु एवं मददगार होते हैं। इस प्रकार के व्यक्ति व्यावहारिक जीवन में अधिक सफल होते हैं इनमें सामान्य सोच होती (common Sense) है जब हाथ को पूरा खोला जाता है तो यह 90° से अधिक कोण बनाता है।

अ. नीचे की ओर स्थित छोटा अंगूठा (Low set small thumb) : जिन व्यक्तियों के अंगूठे छोटे व नीचे की तरफ स्थित होते हैं व अधिक स्वार्थी, भावात्मक और सेक्सी होते हैं। प्यार मोहब्बत में शीघ्रता जताते हैं जिस कारण अच्छे-बुरे की पहचान भी नहीं कर पाते।

मध्य में स्थित अंगूठा

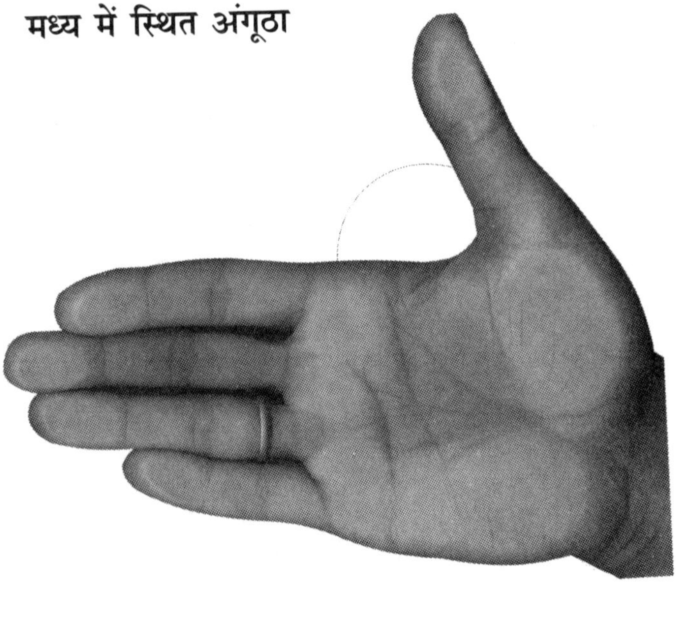

ब. नीचे की ओर स्थित लम्बा अंगूठा (Low set large thumb) : यह बहुत बुद्धिमान व्यक्ति होते हैं कम भावुक, चरित्रवान, व्यवहारप्रिय, समझदार और सज्जन पुरुष होते हैं। इनकी सोच वैज्ञानिक और प्रैक्टिकल होती है। यह संसार में ऊँचाईयों की तरफ ले जाने वाली सोच रखते हैं।

3. मध्य में स्थित अंगूठा (Medium set thumb) : यह अंगूठा हाथ के मध्य में स्थित होता है ना अधिक नीचा और ना अधिक ऊँचा। यह मस्तिष्क को संतुलन में रखता है जिसके कारण व्यक्ति सामान्य विवेक वाला, जिसमें भौतिक सुखों के साथ व्यावहारिक सोच भी होती है।

नोट : यहाँ पर पाठक को बताया जा रहा है कि एक लम्बा अंगूठा जो हाथ में नीचे की तरफ स्थित है, हो सकता है कि बृहस्पति की उंगली के दूसरे पोर तक न पहुँच पाए और लम्बाई में छोटा अंगूठा जो हाथ में ऊपर की ओर स्थित है बृहस्पति वाली उंगली के दूसरे पोर तक पहुँच जाए। इसलिए अंगूठे की लम्बाई नापते समय उसके स्थान को ध्यान में अवश्य रखें कि वह नीचे की तरफ स्थित है या ऊपर की तरफ।

नाखूनों की बनावट और इनका रोगों के साथ सम्बन्ध

(Shape of the nails and there relation with diseases)

हाथ के नाखून एक प्रकार का शीशा है जिसमें व्यक्ति के चरित्र के अलावा उससे सम्बन्धित बीमारियों का अक्स देखा जा सकता है। नाखूनों की बनावट, आकार, रंग व उन पर बने चन्द्र पर्वत, धब्बे इत्यादि व्यक्ति से जुड़े रोगों का स्पष्ट वर्णन करते हैं। हाथ के नाखून देखकर व्यक्ति को होने वाली बीमारियों का कई वर्ष पूर्व ही अनुमान लगाया जा सकता है। मैंने अपने 35 वर्षों के हस्त अध्ययन के दौरान पाया कि व्यक्ति के हाथ पर बने यह संकेत इतने स्पष्ट होते हैं कि लाख यत्न करने पर भी व्यक्ति इन संकेतों द्वारा दर्शायी बीमारियों से बच कर नहीं जा सकता। मैं सबसे अधिक महत्त्व व्यक्ति के स्वास्थ्य को देता हूँ इसलिए सबसे पहले उसके हाथ के नाखूनों को पढ़कर भविष्य में उन्हें होने वाली बीमारियों के प्रति सचेत कर देता हूँ। यही नहीं मैंने हजारों हाथों के नाखूनों की बनावट, आकार, इनके रंगों, इन पर बने चन्द्र पर्वत, सफेद धब्बों आदि को देखकर हजारों व्यक्तियों को कई वर्ष पूर्व ही उनके शरीर से सम्बन्धित रोगों, कमियों एवं कमजोरियों के बारे में बता दिया था और समय अनुसार वह उसी रोग के अग्रसित होते देखे गए। एक डॉक्टर जिस प्रकार क्षय रोग (टी.बी) के मरीज का एक्स-रे लेकर उसकी छाती पर पड़े धब्बों के निशानों से जान लेता है कि व्यक्ति क्षय रोग (टी.बी) का रोगी है। हृदय विशेषज्ञ, कर्डियोलॉजी मशीन से एक्स-रे लेकर हृदय की बीमारी को जान लेता है, इसी प्रकार अन्य रोगों से जुड़े संयंत्रों की मदद से उनके बारे में जान लिया जाता है लेकिन यह तब सम्भव होता है जब रोगी उस रोग से पीड़ित हो अर्थात् यह संयंत्र कई वर्ष पूर्व रोगी के इन रोगों की पुष्टि नहीं करता। लेकिन नाखून व्यक्ति के जन्म से ही उसको भविष्य के होने वाली बीमारियों को दर्शाने लगते हैं। आज की मेडिकल साइंस मानती है कि यदि किसी के नाखून नीले या काले पड़ जाएं तो उसके शरीर

लम्बे नाखूनों पर
चन्द्र अक्ष

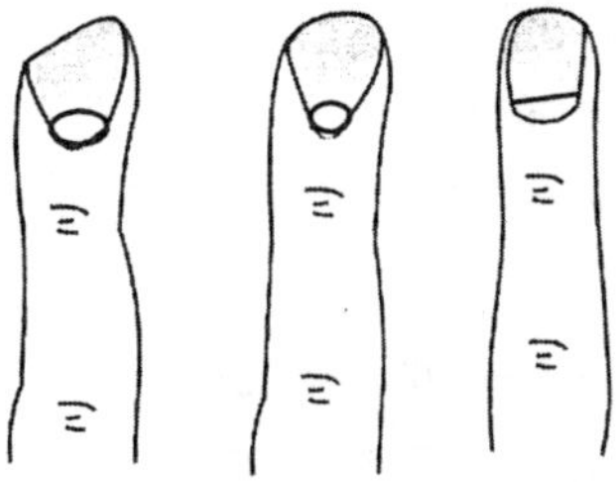

चित्र न. 1

बहुत लम्बे नाखूनों पर
चन्द्र अक्ष

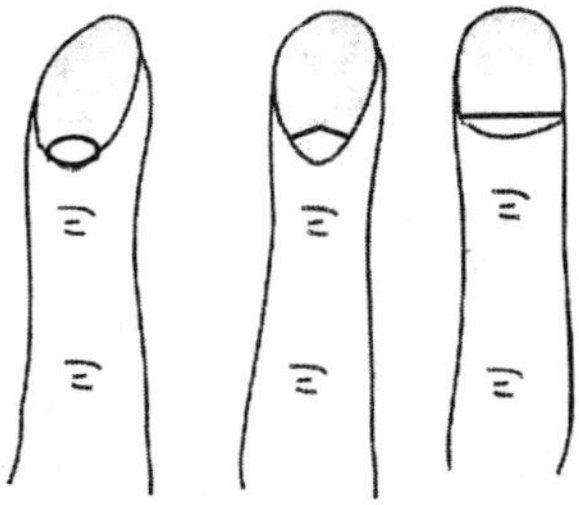

चित्र न. 1 अ

नाखून लम्बे, अग्रिम भाग पर चौड़े, हल्के नीले और बिना चन्द्र पर्वत

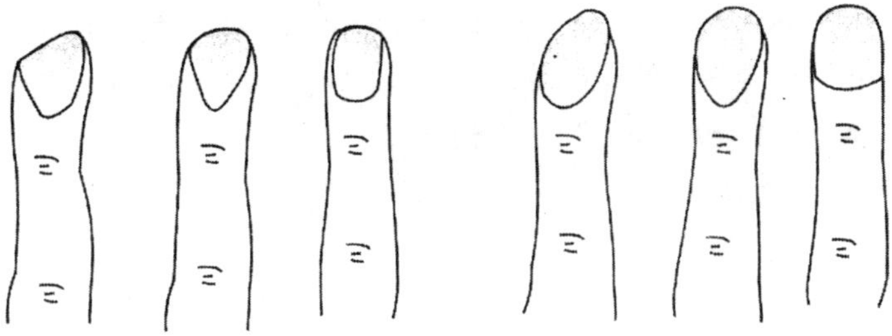

चित्र न. 1 ब

चौड़े नाखून

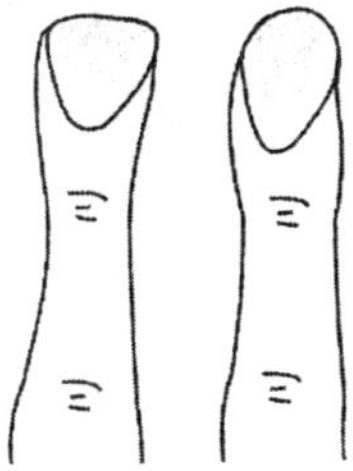

चित्र न. 2

छोटे नाखून

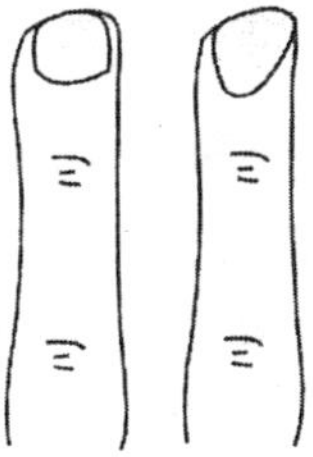

चित्र 2 (ब, स)

U और V आकृति
के नाखून

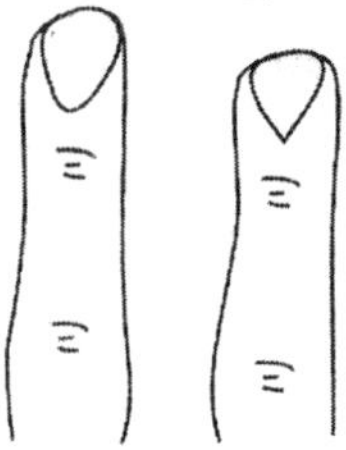

चित्र न. 2 (द)

में ऑक्सीजन की कमी हो जाती है, यदि नाखूनों पर सफेद धब्बे हों तो शरीर में कैल्शियम की कमी होती है, यह कमी अक्सर बच्चों में उनके विकास (ग्रोथ) के समय 12 से 18 वर्षों के दौरान होती है।

हस्त रेखा विज्ञान आज से हजारों वर्ष पूर्व व्यक्ति के नाखूनों की बनावट, रंग, स्थिति आदि देखकर उसके बीमारी के लक्षण जान लेते थे और तदनुसार उनका इलाज किया जाता था।

नाखूनों पर पाए जाने वाले संकेत (Sign on the nails) : नाखूनों पर कई प्रकार के संकेत देखने को मिलते हैं जो निम्न प्रकार से हैं : नाखूनों के रंग गुलाबी, पीले, नीले, सफेद और इन पर बने चन्द्र पर्वत, सफेद धब्बे, सूखे हुए जो दबाने पर टूटने वाले, ऊपर से फूले हुए (convex) बीच में से दबे हुए (concave), ग्रामो-फोन रिकॉर्ड पर बनी हुई लाइनों की तरफ नाखूनों पर लाइनें बनी हों, नाखूनों पर उंगली घुमाने से समतल न होकर ऊबड़-खाबड़ अर्थात् ऊँचे-नीचे महसूस हों, उन पर भद्दी चमड़ी चढ़ी हो, तो यह व्यक्ति के व्यवहार, रोग एवं चरित्र के बारे में संकेत देते हैं। इनके विषय में पूर्ण जानकारी प्राप्त करने के लिए इनको चार भागों में बांटा गया है-

1. लम्बे नाखून
2. छोटे नाखून
3. चौड़े नाखून
4. पतले नाखून

1. लम्बे नाखून (Long nails) : लम्बे नाखून वाले व्यक्ति व्यवहार में श्रेष्ठ होते हैं और उनकी रुचि कलात्मक होती है। वह चित्रकला, काव्य पाठ, संगीत, मॉडलिंग व फैशन की दुनिया से जुड़े कार्यों में अधिक रुचि लेते हैं। स्वास्थ्य की दृष्टि से इनको शरीर के ऊपरी भाग से सम्बन्धित रोग होते हैं जैसे-टी.बी., अस्थमा, हृदय रोग आदि। शारीरिक दृष्टिकोण से इनमें छोटे एवं चौड़े नाखून वाले व्यक्तियों की अपेक्षा कम शक्ति होती है। (चित्र 1)

अ. बहुत लम्बे नाखून (Very long nails) : इस प्रकार के नाखूनों वाले व्यक्तियों में फेफड़ों व छाती सम्बन्धी रोग होने की बहुत अधिक प्रवृत्ति होती है। यदि इन नाखूनों पर छोटे-छोटे गति अवरोधक (speed breaker) अर्थात् ग्रामो-फोन के रिकार्ड की तरह उठी हुई लाइनें बनी हों और नाखूनों को छूने अथवा महसूस करने पर कुछ सूखे से दिखाई दें तो व्यक्ति में होने वाली इन बीमारियों की तीव्रता अधिक होती है। (चित्र-1अ)

चौड़े नाखून

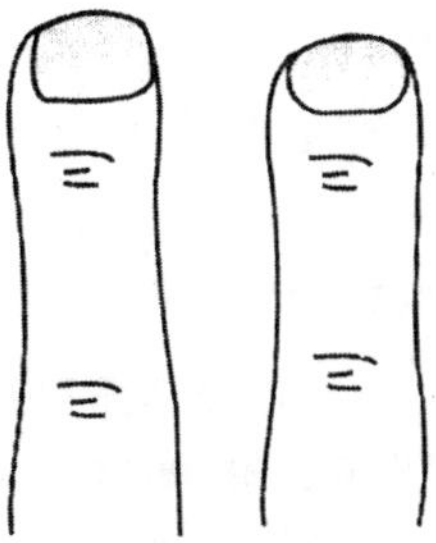

चित्र - 3

बहुत छोटे
सपाट नाखून

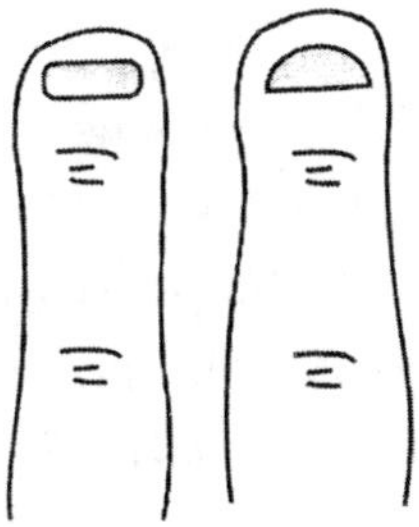

चित्र - 3 (अ)

रीढ़ की हड्डी में दर्द वाले
नाखून

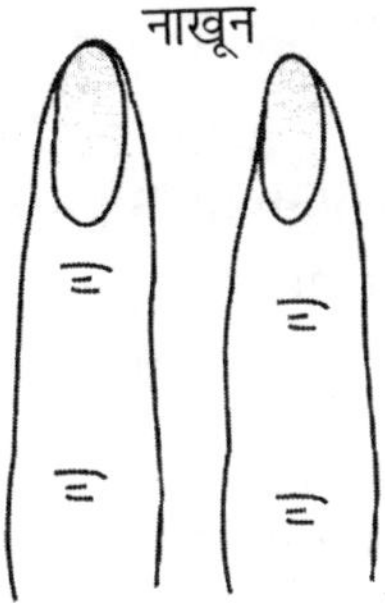

चित्र - 4

हृदय रोग वाले
नाखून

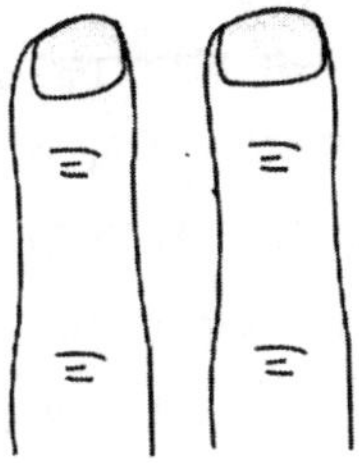

चित्र - 5

टी. बी. रोग वाले नाखून

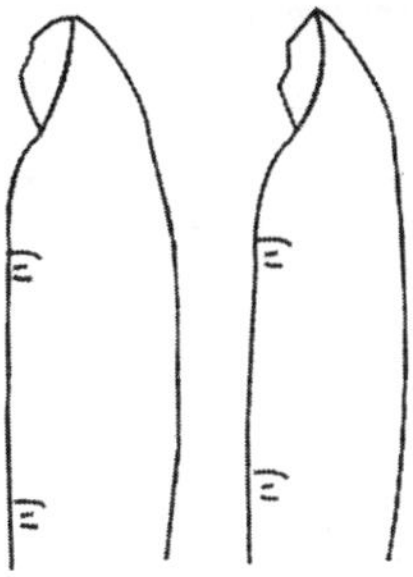

चित्र - 6

खराब गले वाले नाखून

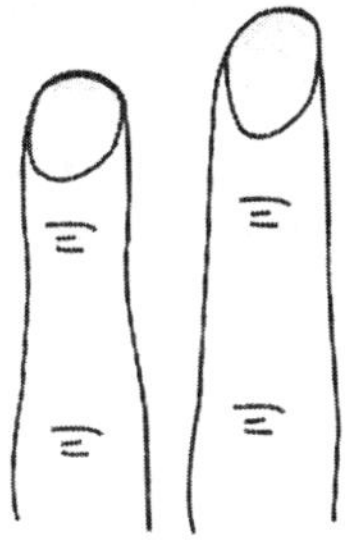

चित्र - 7

ब. नाखून लम्बे, अग्रिम भाग पर चौड़े, दिखने में हल्के नीले और बिना चन्द्र पर्वत के हों (Long nails wide at the top Polished in appearanoc and without moon's) : ऐसे व्यक्तियों में खून का दौरा सामान्य नहीं होता, यह अधिक या कम रक्त दाब की ओर झुक जाता है जिस कारण इनको स्वास्थ्य सम्बन्धी अधिक समस्यायें रहती है। इनमें कमजोर नसों सम्बन्धित रोग (weak nervous system) पाया जाता है जो अधिकतर आँतों में 14 से 21 और 42 से 47 वर्षों की अवधि में विशेष रूप से होता है। चित्र-2

2. छोटे नाखून (Short nails) : छोटे नाखून वाले व्यक्ति में हृदय रोग के अलावा शरीर के निचले भाग से जुड़े रोगों की अधिक प्रवृत्ति होती है। इस प्रकार के नाखून वालों को अधिक ऊर्जा शक्ति की आवश्यकता होती है। चित्र-2ब

अ. छोटे नाखून जो एकदम चपटे और देखने में ऐसा लगे जैसे चमड़ी में धसे हुए हैं (Short nails, very flat and appears as they were in the flesh at the base) : यह नसों सम्बन्धी रोग दर्शाते हैं, यदि इन पर सफेद धब्बे बने हों, तब स्थिति और भी अधिक खराब होती है।

ब. उच्च रक्तदाब के संकेत (Sign of high blood pressure) : यदि छोटे नाखून गुलाबी रंग के, मुलायम, एकदम समतल, बिना चन्द्र अक्ष के हों और हाथ को पकड़ने पर हाथ गर्म महसूस हो तो व्यक्ति को अवश्य ही उच्च रक्तदाब (high blood pressure) होता है।

स. निम्न रक्त दाब (Low blood pressure) : यदि छोटे नाखून रंग में सफेद या हल्के पीले हों, चन्द्र अक्ष नाखूनों पर न हो और हाथ पकड़ने पर ठंडा महसूस हो तो व्यक्ति को निम्न रक्तदाब होता है जिसकी पहचान है कि घुटनों या घुटनों से नीचे पैरों में उसको दर्द रहता है।

द. फालिस की पहचान (Sign of paralysis) : यदि छोटे नाखून बनावट में अंग्रेजी के अक्षर 'U' या 'V' की तरह हों और उन पर चन्द्र अक्ष (moon's) न हो, नाखून बहुत मुलायम व पतले से हों और अग्रिम भाग से ऊपर की तरफ उठे हों तो फालिस की सम्भावनाएं बहुत बढ़ जाती हैं। चित्र-2(द)

3. चौड़े नाखून (Broad nails) : यदि नाखूनों की चौड़ाई उनकी लम्बाई की अपेक्षा अधिक हो तो ऐसे लोग कुछ चिन्ताग्रस्त रहते हैं, इनकी आदत होती है कि यह दूसरों के कार्य में हस्तक्षेप करते रहते हैं। इस प्रकार के व्यक्ति बहुत अच्छे आलोचक होतें हैं दूसरों की गलतियां निकालते रहते हैं। पत्रकारिता

(Journalism) के क्षेत्र में बहुत कामयाब होते हैं। जिस भी चीज के सम्पर्क में यह आते हैं उसमें गहराई से जाकर वास्तविकता एवं सच्चाई का कारण ढूँढते हैं बिना सच्चाई जाने यह किसी बात को नहीं मानते। वार्तालाप में यह जानते हुए भी कि वह गलत है फिर भी अपने आपको सही ठहराने का प्रयास करते रहते हैं। (चित्र-3अ)

3 (अ) बहुत छोटे, सपाट नाखून जिन पर उंगली की चमड़ी चढ़ी होती है (Extrememly short, flat nails with the skin growing down on it) : वार्तालाप में वह किसी के साथ अधिक बहस नहीं करना चाहते क्योंकि वह समझते हैं कि बस वही सही हैं। यदि इनकी उंगली का पहला पोर चमचाकार (clubbed) हो और उस पर उंगली की चमड़ी चढ़ी हो तो इनमें उपरोक्त दर्शाए गुण और भी अधिक बढ़ जाते हैं। यह खाना भले न खाए पर दिन-भर में आलोचना किए बिना नहीं रह सकते। यह भौतिक लड़ाई न करते हुए केवल बुद्धिमत्ता की लड़ाई में ही यकीन करते हैं। यह जानते हुए भी कि यह गलत है फिर भी दूसरों की आलोचना करने से बाज नहीं आते। चित्र-3ब

4. नाखून बहुत कम चौड़े और लम्बे हो (Nails very narrow and long) : इस प्रकार के नाखून वाले व्यक्ति शारीरिक दृष्टि से अधिक शक्तिशाली नहीं होते और न ही इनमें ज्यादा छानबीन करने की आदत होती है। यदि नाखून अग्रिम भाग से ढलान पर हो अर्थात् हाथ के अन्दर की तरफ थोड़ा झुके हुए हों तो व्यक्ति की पीठ में रीढ़ की हड्डी से जुड़ा रोग होता है। अक्सर पीठ में दर्द की शिकायत करते हैं। (चित्र-4)

5. हृदय रोग से सम्बन्धित नाखून (Heart disease nails) : यदि नाखून छोटे व लगभग वर्गाकार हों, नाखून मरा हुआ सा हो और उस पर दूसरा नाखून उग रहा हो जो पहले नाखून को हटाकर उसका स्थान लेना चाहता हो तो इस प्रकार के नाखून को देखने से पता चलता है कि व्यक्ति का स्वास्थ्य किसी गम्भीर रोग से खराब हुआ है और वह मरते-मरते बचा है। (चित्र-5)

6. टी.बी. वाले नाखून (Tuberculous nails) : यह नाखून थोड़े चमचाकार बनावट वाले होते हैं ऊपर से कुछ ऊपर की ओर उठे हुए और नाखून के बीचोंबीच गड्ढा सा होता है। साधारणतया यह नाखून उंगली के पहले पोर पर अधिक चौड़े, वर्गाकार एवं लम्बे नाखूनों की ही तरह होते हैं पर यह थोड़े से बीच में से दबे होते हैं जिससे कई वर्ष पूर्व ही जानकारी मिलती है कि ऐसे नाखूनों वाला व्यक्ति भविष्य में टी.बी. रोग से ग्रस्त होगा या उसमें इस रोग के होने की सम्भावनाएं अधिक होगी। यदि नाखून ऊपर की तरफ से अधिक उभरा

हुआ (convex) बनावट वाला, मोटा, गद्देदार अर्थात् चमचाकार आकृति का दिखता हो, चित्र-6 में देखिए, तो ऐसे व्यक्तियों को टी.बी. की बीमारी अवश्य ही होती है। इस प्रकार के रोग से यदि व्यक्ति गुजर रहा है तो उसके नाखून सफेद-नीले रंग के दिखाई पड़ेंगे, जो यह संकेत दे रहे हैं कि व्यक्ति में खून का प्रवाह (circulation of blood) खून गन्दा हो जाने के कारण प्रभावित हो रहा है लेकिन हृदय रोग के रोगियों में नाखूनों का सफेद-नीला होना उनमें ऑक्सीजन की कमी और हृदय में भारीपन (congestion) होने के संकेत देता है।

7. कमजोर गले वाले नाखून (Throat delicacy) : यदि नाखून उंगली के पहले पोरे पर मोटे न होकर साधारण स्वरूप में गोल आकृति के दिखाई दें तो व्यक्ति का गला कमजोर होता है जरा सा ठंडा या अधिक गर्म खा-पी लेने से गला खराब हो जाता है उन्हें खांसी की बहुत शिकायत रहती है। उंगली का पोरा चाहे वर्गाकार, चमचाकार या कलात्मक हो यदि नाखून अग्रिम भाग से गोल है अर्थात् अर्द्धवृत की तरह नजर आता है तो उनका गला अवश्य ही कमजोर होता है। (चित्र-7)

8. मिर्गी रोग (Syphilis) : यह नाखून मुलायम, छोटे व नीचे की ओर दबे हुए (concave) शक्ल के होते हैं जो देखने में चम्मच की तरह नजर आते हैं इन्हें हम चमची नाखून (Spoon nails) भी कहते हैं। यह नाखून व्यक्ति के मस्तिष्क में दिमागी कमजोरी (mental deficiency) की ओर संकेत करते हैं। जैसा कि आप जानते हैं कि उंगली के पहले पोर का सीधा सम्बन्ध मस्तिष्क के साथ है। नाखूनों का नीचे की ओर दबा होना व्यक्ति के मस्तिष्क पर पड़ने वाले दबाव की ओर इशारा करता है। यह एक खानदानी बीमारी होने के भी लक्षण हैं।

द्वितीय भाग

पर्वतों पर चिह्नों का महत्त्व

पर्वतों पर वृत्त के चिह्न का महत्व

पर्वतों पर वृत्त का निशान-

'वृत्त' का हाथ के पर्वतों एवं रेखाओं पर महत्त्वः

गुरु पर्वत पर 'वृत्त' का चिह्न - गुरु पर्वत पर वृत्त का होना अधिक शुभ नहीं। इसके यहाँ पर होने से सफलता की उम्मीद बहुत कम रहती है।

शनि पर्वत पर 'वृत्त' का चिह्न - यहाँ पर 'वृत्त' का होना अन्य चिह्नों की अपेक्षा भाग्यशाली है।

सूर्य पर्वत पर 'वृत्त' का चिह्न - यहाँ पर 'वृत्त' का चिह्न होने से बहुत प्रसिद्धि एवं ऐश्वर्य मिलता है।

बुध पर्वत पर 'वृत्त' का चिह्न - यहाँ पर 'वृत्त' का चिह्न बहुत बुरा माना जाता है। जिसके हाथ में बुध पर्वत पर यह चिह्न होता है उसकी मृत्यु जहर से होती है।

शुक्र पर्वत पर 'वृत्त' का चिह्न - यहाँ पर 'वृत्त' का चिह्न भयानक रोग एवं स्वास्थ्य की खराबी बताता है।

चन्द्र पर्वत पर 'वृत्त' का चिह्न - यहाँ पर 'वृत्त' का चिह्न होने से व्यक्ति की मौत पानी में डूबने या बह जाने से होती है।

मंगल पर्वत पर 'वृत्त' का चिह्न - यहाँ पर 'वृत्त' का चिह्न होने से अधिकतर व्यक्ति की आँख में चोट लगती है या घाव होता है।

वृत्त

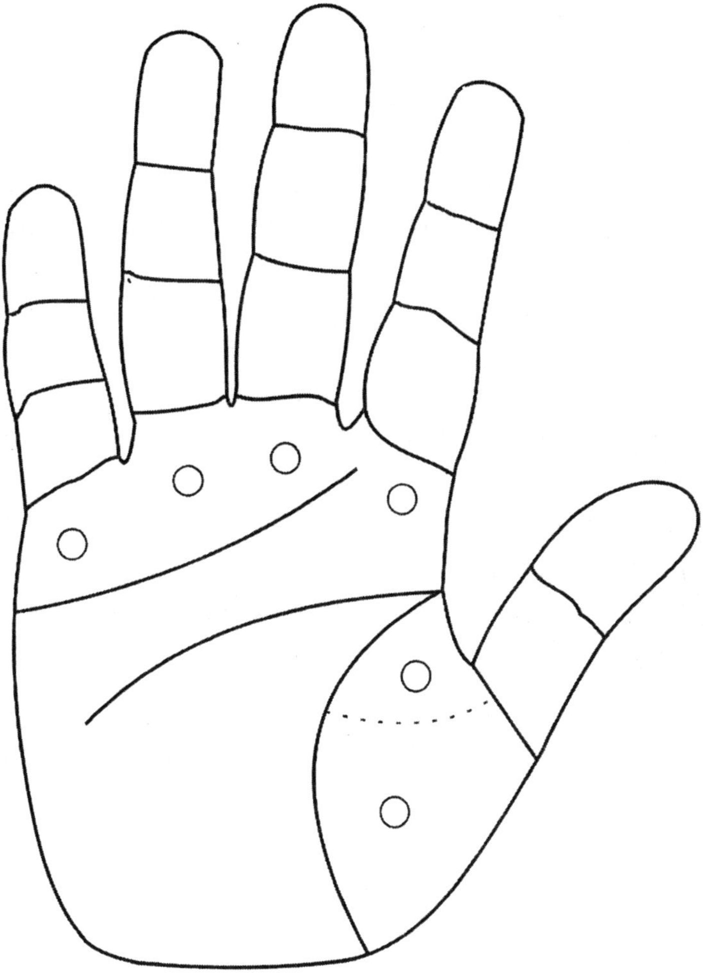

धब्बे का पर्वतों पर महत्त्व

पर्वतों पर धब्बे का चिह्नः

धब्बा : हाथ के पर्वतों पर धब्बे के चिह्न का महत्त्व इसके स्पष्ट रूप से दिखने, इसके गाढ़े गहरेपन, इसके रंग और हाथ के किस स्थान पर है उस पर निर्भर करता है।

गुरु पर्वत पर धब्बे का चिह्न : गुरु पर्वत पर होने से धन की हानि, दुर्भाग्य व प्रसिद्धि में अवरोध होता है।

शनि पर्वत पर : यहाँ पर यह चिह्न दुर्भाग्य की निशानी है

सूर्य पर्वत पर : यहाँ पर व्यक्ति की सामाजिक क्षति, प्रसिद्धि की हानि दर्शाता है जो प्रायः दुर्घटना या बीमारी के कारण होती है।

चन्द्र पर्वत पर : यहाँ पर बड़े धब्बे का निशान व्यक्ति के स्वास्थ्य को खराब करता है। उसको चलने-फिरने में तकलीफ होती है।

शुक्र पर्वत पर : यहाँ पर धब्बे का निशान सेक्स संबंधी बीमारी एवं संक्रामक रोग देता है। वह प्यार मोहब्बत में भी परेशान करता है।

मंगल पर्वत पर : यहाँ पर यह चिह्न लड़ाई के दौरान जख्मी होने और दिमागी परेशानी देता है।

बुध पर्वत पर : यहाँ पर यह चिह्न वसीयत से सम्बन्धित धन-दौलत या किसी बड़े घोटाले को दर्शाता है।

धब्बे

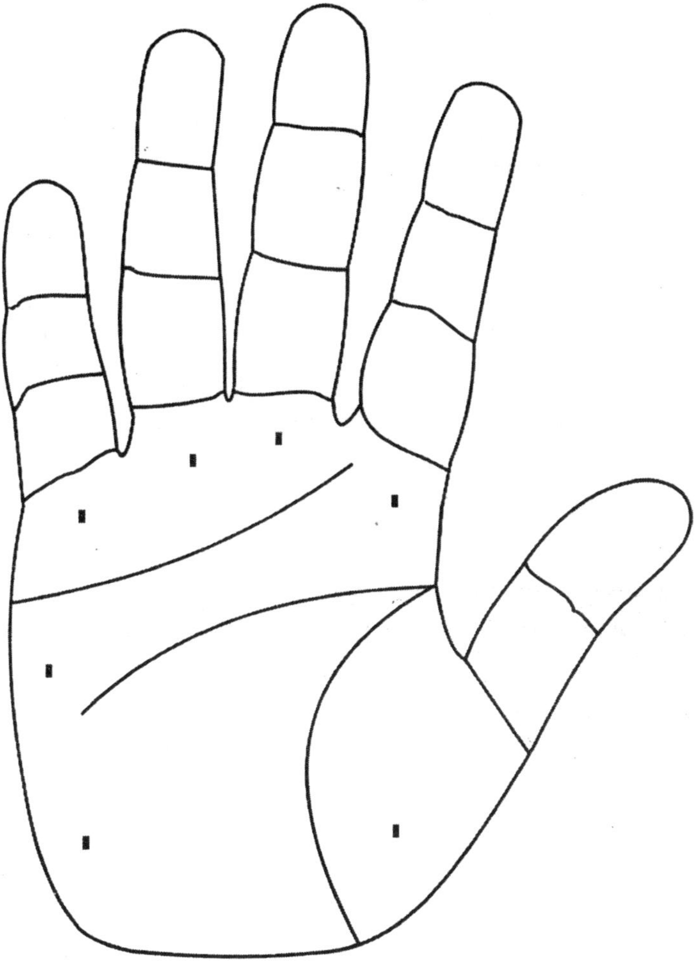

पर्वतों पर जाली का चिह्न

जाली : पर्वतों पर जाली का होना सफलता में अवरोध उत्पन्न करता है यह जिस पर्वत पर होता है उससे सम्बन्धित कार्यों में अवरोध उत्पन्न करता है।

गुरु पर्वत : यहाँ पर यह व्यक्ति को स्वार्थी, घमंडी, अहंकारी, अंधविश्वासी व शीघ्र गुस्सा करने वाला बनाता है।

शनि पर्वत : यहाँ पर यह दुर्भाग्य की निशानी है व्यक्ति एकान्तप्रिय, अस्वस्थ, रोगी, बुढ़ापा कष्टमय होता है। प्रायः जेल जाने की नौबत आती है।

बुध पर्वत : यहाँ पर यह व्यक्ति की अस्थिरता बताता है।

चन्द्र पर्वत : यहाँ पर यह चिह्न बेचैनी, उद्योग एवं व्यापार में हानि अर्थात् दिवाला निकलने पर आत्महत्या की ओर संकेत देता है।

शुक्र पर्वत : यदि शुक्र पर्वत कड़ा व चपटा अर्थात् दबा हुआ है तो यह चिह्न आत्म संयम में कमी दर्शाता है।

चन्द्र पर्वत : यहाँ पर यह चिह्न होने से व्यक्ति को आंतों से जुड़ी बीमारी दर्शाता है।

मंगल पर्वत : यदि मंगल पर्वत दबा हुआ हो भयंकर मौत का संकेत देता है और यदि पर्वत उठा हुआ हो तो व्यक्ति हत्या करने की सोच रखता है।

जाली

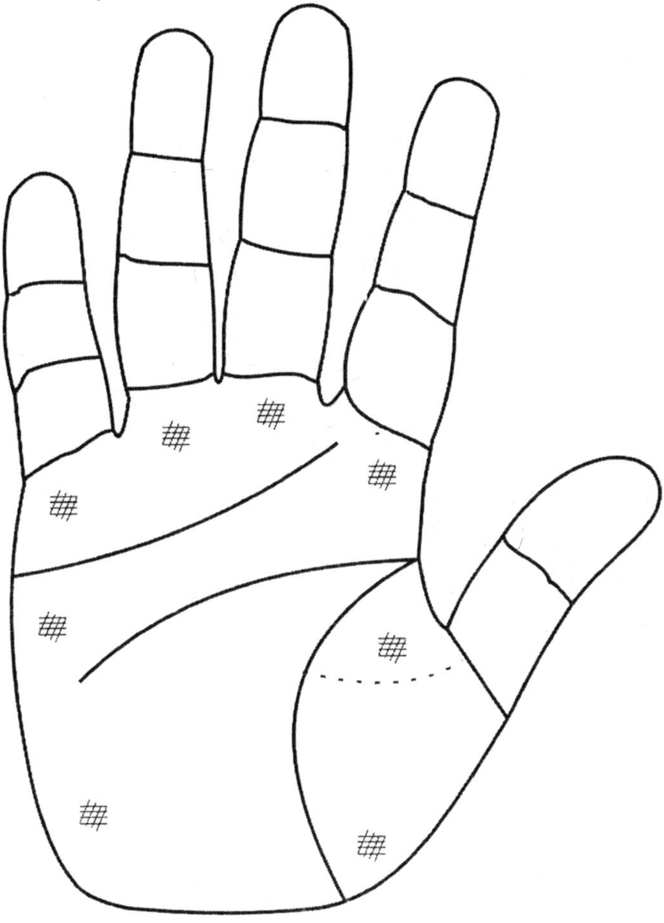

पर्वतों पर वर्ग का चिह्न

वर्ग : यह पर्वतों पर उनके अधिक गुणों के हस्तक्षेप से होने वाली क्षति से रक्षा करता है।

गुरु पर्वत पर 'वर्ग' का चिह्न : सामाजिक असफलता में रक्षा करता है। व्यक्ति की अधिक महत्त्वाकांक्षाओं पर रोक लगाता है।

शनि पर्वत पर : यहाँ पर वर्ग व्यक्ति के जीवन में होने वाली दुर्भाग्यपूर्ण घटनाओं से रक्षा करता है।

सूर्य पर्वत पर : यहाँ पर 'वर्ग' अधिक प्रसिद्धि की चाह रखने वालों की रक्षा करता है।

बुध पर्वत पर : यहाँ पर 'वर्ग' किसी बहुत बड़ी हानि, घोटाले व धोखाधड़ी से रक्षा करता है और मन की बेचैनी को कम करता है।

चन्द्र पर्वत पर : यहाँ पर व्यक्ति के जीवन में अधिक महत्त्वाकांक्षा से होने वाली हानि से रक्षा करता है।

शुक्र पर्वत पर : यहाँ यह शुक्र पर्वत के बीचोबीच सेक्स एवं प्यार मोहब्बत के जुनून से होने वाली क्षति से रक्षा करता है। यदि आयु रेखा के पास शुक्र पर्वत है तो व्यक्ति सेक्स सम्बन्धी घटनाओं में आत्म संयम से बच निकलता है।

मंगल पर्वत पर : यहाँ पर वर्ग लड़ाई के मैदान या लड़ाई झगड़ों में मौत से रक्षा करता है।

वर्ग

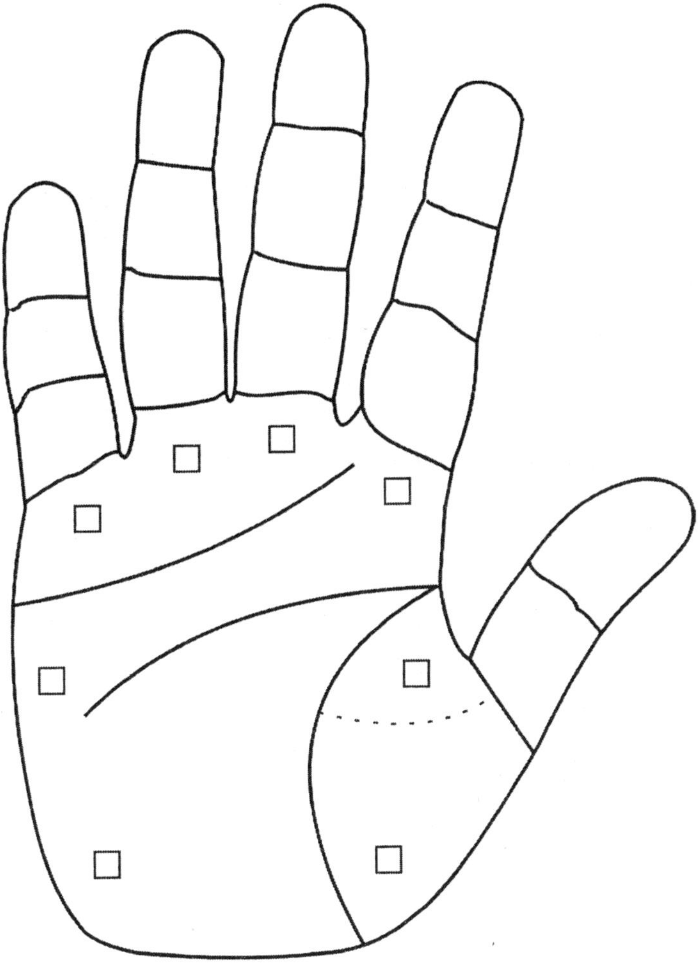

क्रॉस का पर्वतों पर महत्त्व

क्रॉस : हाथ में क्रॉस के चिह्न का होना अभाग्यपूर्ण की निशानी है। यह हाथ के जिस भी भाग पर होता है उससे सम्बन्धित होने वाली भयानक घटनाओं की ओर चेतावनी देता है।

गुरु पर्वत पर क्रॉस का चिह्न : कम से कम एक बहुत चाहने वाला, मददगार जीवन में अवश्य प्रवेश करता है, मुख्य रूप से उस समय जब भाग्य रेखा चन्द्र पर्वत से प्रारम्भ होकर गुरु पर्वत की ओर जा रही हो।

अ. जब क्रॉस चिह्न आयु रेखा के प्रारम्भ में गुरु पर्वत पर अंकित हो तो जिन्दगी की शुरुआत में मदद मिलती है।

ब. गुरु पर्वत के बीच में, आयु के मध्य में मदद मिलती है।

स. यदि नीचे की तरफ, शुक्र पर्वत के पास आयु रेखा हो तो जिन्दगी के अन्त में मदद मिलती है।

शनि पर्वत पर : जब शनि पर्वत पर भाग्य रेखा से स्पर्श कर रहा हो• तो संतान का सुख नहीं होता और भयंकर दुर्घटना से मौत होती है।

शनि पर्वत के बीच में : भाग्य में दुर्भाग्यपूर्ण घटनाओं की वृद्धि करता है।

सूर्य पर्वत पर : यहाँ पर प्रसिद्धि के क्षेत्र में बहुत बड़ी निराशा देता है। व्यक्ति धन-दौलत, नाच-गाने, मॉडलिंग इत्यादि से अपनी जिन्दगी को दांव पर लगाता है जो उसकी बहुत बड़ी भूल होती है और वह अपने आप को एक प्रकार से धोखा देता है। जिन्दगी में सफलता बहुत देर से मिलती है।

बुध पर्वत पर : यहाँ पर क्रॉस का चिह्न व्यक्ति को दोगला एवं धोखेबाज बनाता है।

मंगल ऋणात्मक : यहाँ पर यह शत्रुओं को पैदा करता है और शरीर को नुकसान पहुँचाता है।

मंगल धनात्मक : हिंसा की ओर प्रेरित करता है और अधिकतर लड़ाई-झगड़ा ही मौत का कारण बनता है।

चन्द्र पर्वत पर : चन्द्र पर्वत पर आती मस्तिष्क रेखा के नीचे हो, तो दुर्भाग्यपूर्ण, गलत विचारों से अपने आपको धोखा देता है।

क्रॉस

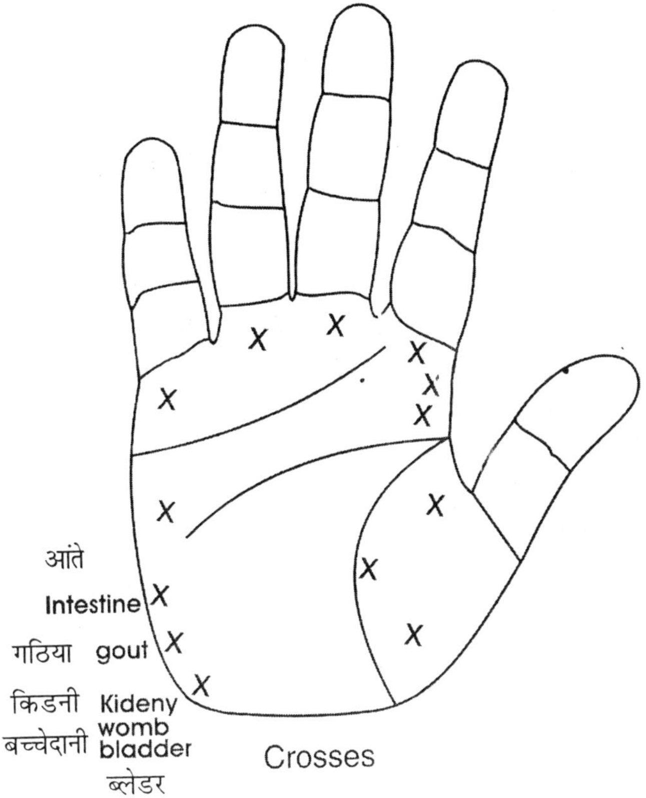

Crosses

अ. चन्द्र पर्वत के नीचे : किडनी, बच्चेदानी व पेशाब की थैली में रोग देता है।

ब. चन्द्र पर्वत के बीच में : गठिया का रोग।

स. चन्द्र पर्वत के ऊपर : आंतों व लीवर में खराबी।

शुक्र पर्वत पर जब गहरे लाल रंग का दिखता हो : जिन्दगी में परीक्षा की घड़ी, चाहने वालों से धोखा, उनका दुर्भाग्यपूर्ण बुरा प्रभाव मिलता है।

यदि आयु रेखा के समीप हो : तो अपने चाहने वाले रिश्तेदारों एवं दोस्तों से लड़ाई-झगड़े के संकेत देता है।

पर्वतों पर त्रिभुज का चिह्न

त्रिभुज : त्रिभुज-तीन भुजाओं वाला, तीनों लोकों को दर्शाने वाला एवं तीसरी आँख का चिह्न भाग्य की निशानी है। इसका महत्त्व इस बात पर निर्भर करता है कि हाथ में किस स्थान पर पाया जाता है। इसका तभी लाभ मिलता है जब यह हाथ पर स्वतन्त्र रूप से अलग व साफ दिखाई दे।

गुरु पर्वत पर त्रिभुज का चिह्न : साधारण सफलता से कहीं अधिक सफलता मिलती है। यह चिह्न राजनैतिक चालाकियों, प्रशासनिक कार्यों एवं पब्लिक डीलिंग में सफलता मिलने का प्रतीक है।

शनि पर्वत पर : यहाँ पर यह ज्योतिष एवं आक्लट साइंस में रुचि एवं शोध कार्य की ओर अग्रसित करता है।

सूर्य पर्वत पर : यहाँ पर त्रिभुज का चिह्न व्यक्ति को शान्त स्वभाव, प्रसिद्धि एवं सफलता देता है। व्यक्ति अपने कार्यक्षेत्र को बढ़ाता ही रहता है।

बुध पर्वत पर : राजनीति में चतुरता प्रदान करता है। बेचैन रहने की आदत से बचाता है। व्यापार एवं धन सम्बन्धी कार्यों में विशेष सफलता प्रदान करता है।

मंगल ऋणात्मक पर : युद्ध के दौरान भयंकर संकट में ये संयम बरतने की शक्ति प्रदान करता है और लड़ाई की नई तकनीकें देता है।

मंगल धनात्मक पर : खतरे की घड़ी में मस्तिष्क एकदम साहस का परिचय देता है और बड़ी से बड़ी मुसीबत एवं युद्ध में रक्षा के साथ-साथ सफलता भी प्रदान करता है।

चन्द्र पर्वत पर : महत्त्वाकांक्षाओं को पूर्ण करने की वास्तविक सोच प्रदान करता है।

शुक्र पर्वत पर : शुभ हाथ पर स्वयं पर नियंत्रण, शान्त प्रिय, प्यार मोहब्बत में समझदारी एवं शुभ सोच देता है और अशुभ हाथ पर बुरी एवं गन्दी सोच देता है।

त्रिभुज

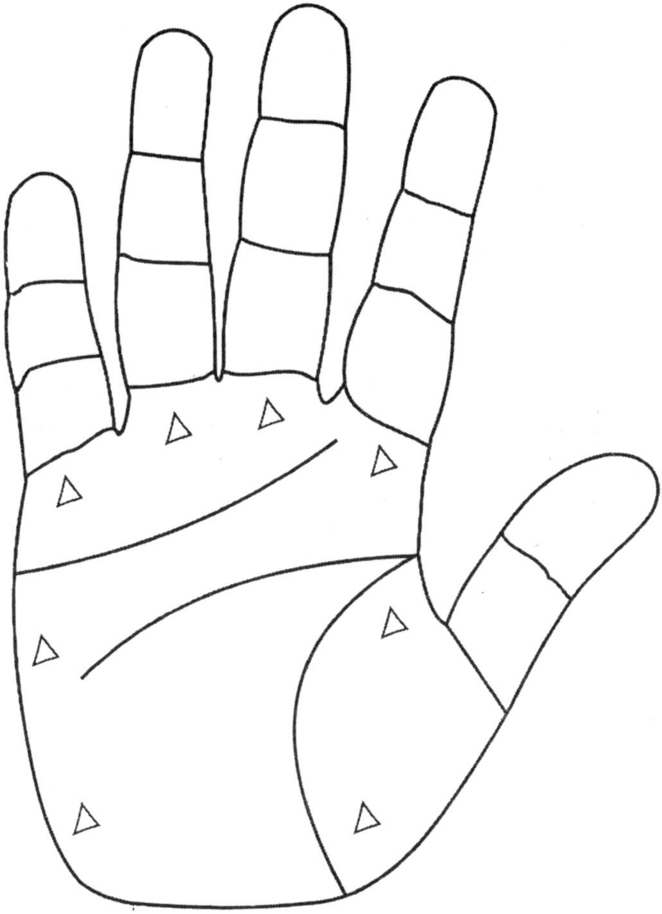

पर्वतों पर तारे का चिह्न

तारा : यदि चमकता हुआ साफ व गाढ़ा नजर आता है तो बहुत बड़ी सफलता का प्रतीक है। इसमें व्यक्ति को उसकी सोच से कहीं अधिक सम्मान, शक्ति, प्रसिद्धि, धन-दौलत एवं ऐशो आराम मिलता है। यह व्यक्ति को रंक से राजा बना देता है।

गुरु पर्वत पर तारे का चिह्न : एकदम से भाग्य उजागर, बहुत बड़ी सफलता, सम्मान एवं पद मिलता है।

यदि पर्वत के किनारे हाथ के पीछे की तरफ हों : व्यक्ति को बहुत आशावादी बनाता है, व्यक्ति बहुत सम्माननीय व प्रसिद्ध लोगों के सम्पर्क में आता है। यह चिह्न उसको व्यक्तिगत तौर पर सफलता प्रदान करता है।

शनि पर्वत पर : यहाँ पर तारे का होना भयंकर दुर्भाग्य की निशानी है। व्यक्ति इतने बड़े दुर्भाग्य का शिकार होगा कि उसका सब कुछ खत्म हो सकता है। स्वास्थ्य के क्षेत्र में फलिस, संक्रामक रोग, कैंसर इत्यादि। उसकी गिनती उन लोगों में होती है जो बहुत भयंकर दुर्भाग्य से गुजरे हों, बर्बाद हो गए हों अर्थात् व्यक्ति राजा से रंक हो जाता है।

सूर्य पर्वत पर : धन दौलत एवं सामाजिक सम्मान के क्षेत्र में बहुत बड़ी सफलता प्राप्त होती है लेकिन इससे खुशी नहीं होती क्योंकि सारी जिन्दगी संघर्ष के रूप में व्यक्ति इसकी कीमत अदा कर चुका होता है।

सूर्य पर्वत में अंगुली के पास : व्यक्ति अमीर व खुशहाल लोगों के सम्पर्क में आता है और स्वयं को भी रईसजादा समझता है।

सूर्य की रेखा के निकट हो : आर्ट, सिनेमा एवं मॉडलिंग के क्षेत्र में बहुत प्रसिद्धि एवं खुशी प्राप्त होती है पर तारा सूर्य रेखा पर अधिक ऊपर की तरफ नहीं होना चाहिए।

बुध पर्वत पर : साइंस, व्यापार, राजनीति एवं उपदेशक के क्षेत्र में बहुत बड़ी सफलता प्राप्त होती है। यह हाथ पर निर्भर करता है कि वह किस प्रकार का है।

बुध पर्वत के आधार पर छोटी अंगुली के पास : सम्माननीय व्यक्तियों का साथ मिलता है।

तारे

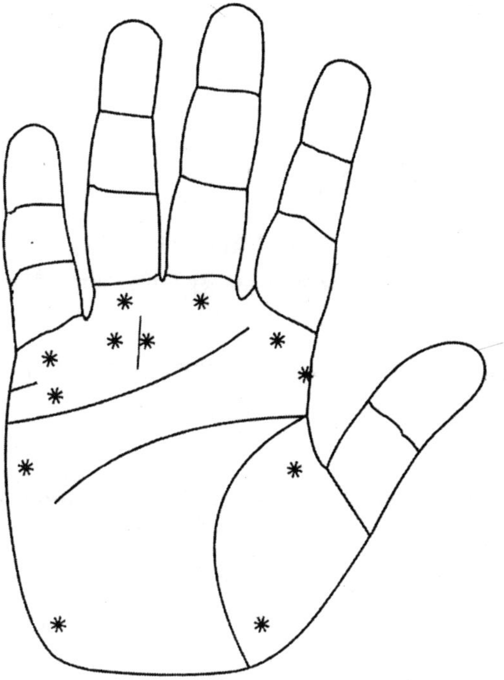

ऋणात्मक मंगल पर्वत के स्थान पर : दृढ़ निश्चयी एवं संयम बरतने पर सम्मान प्राप्त होता है।

धनात्मक मंगल पर्वत पर : युद्ध क्षेत्र में या किसी चुनौती के दौरान बड़ी सफलता, सम्मान व खुशी प्राप्त होती है।

चन्द्र पर्वत पर : दूरदर्शी सोच को सिद्ध कर दिखाने पर बहुत सम्मान मिलता है।

शुक्र पर्वत पर : (अ) प्यार-मोहब्बत के क्षेत्र में सफलता मिलती है। (ब) यदि शुक्र पर्वत के एक तरफ आयु रेखा पर है तो दुर्भाग्य की निशानी है। जिससे प्यार करते हो वो ही धोखा देगा या यार दोस्तों के कारण प्यार में अड़ंगा लगेगा।

पर्वतों पर द्वीप का चिह्न

पर्वतों पर द्वीप का चिह्न

द्वीप : बुरा चिह्न है, दुर्भाग्य की निशानी है। यह जिस पर्वत पर दिखता है उसके सभी अच्छे गुणों का नाश करता है। व्यक्ति इस बुरे चिह्न से उत्पन्न दुर्भाग्य से नहीं बच पाता।

गुरु पर्वत पर द्वीप का चिह्न : रिश्तेदारों या मित्रों के कारण व्यक्ति का कारोबार (career) नष्ट हो जाता है। व्यक्ति के लिए समाज में मान-सम्मान बचाना मुश्किल पड़ जाता है।

शनि पर्वत पर : व्यक्ति की स्थिरता समाप्त कर उसका कारोबार चौपट कर देता है।

सूर्य पर्वत पर : व्यक्ति में डर, चिन्ताएं, परेशानियां पैदा करता है और उसकी प्रसिद्धि, व्यापार एवं साख कमजोर कर देता है अर्थात् उसको बदनामी दिलाता है।

बुध पर्वत पर : पूर्णतया मस्तिष्क अस्थिर कर देता है। व्यक्ति जल्दी-जल्दी तरह-तरह की योजनाएं बनाता है और असफलता का शिकार हो जाता है।

मंगल पर्वत पर : डरपोक एवं कमजोर बनाता है।

चन्द्र पर्वत पर : व्यक्ति की सोचने की शक्ति छीन लेता है।

शुक्र पर्वत पर : यह चिह्न उसको डरपोक व कमजोर बना देता है। इश्क, प्यार, मोहब्बत में बेवफा कहलाता है। लोगों एवं मित्रों के प्रभाव में जल्दी आने से ऐसा होता है।

द्वीप

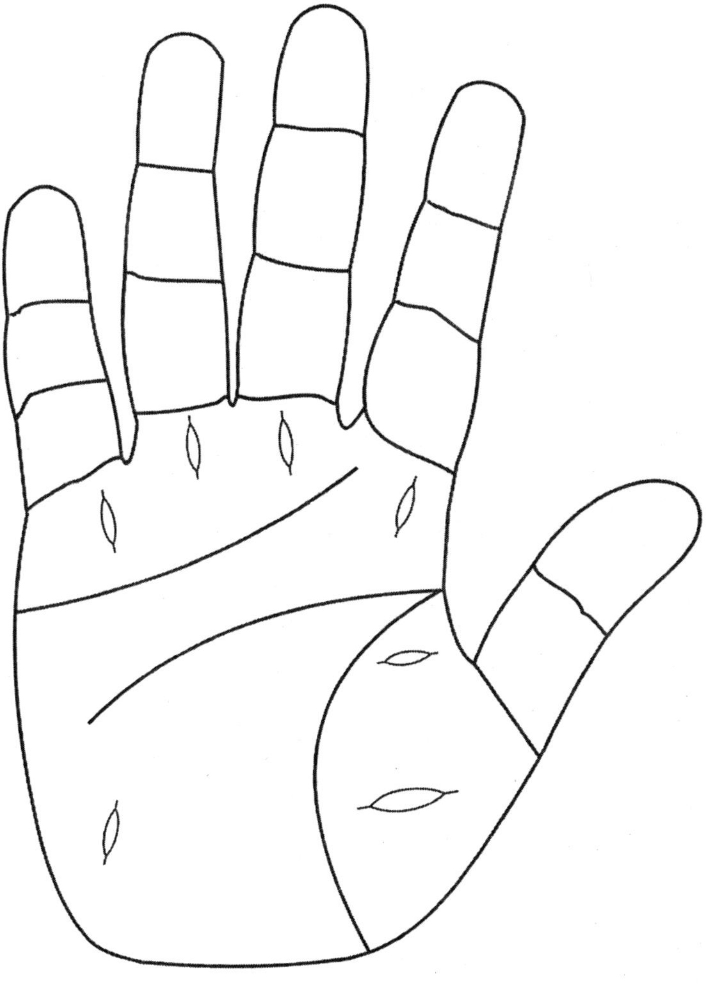

तृतीय अध्याय

उंगली के पोरों पर चिह्नों का महत्व

उंगली के पोरों पर क्रॉस का चिह्न

पोरों पर क्रॉस (×) चिह्न का प्रभाव

1. बृहस्पति उंगली पर क्रॉस चिह्न:
   - अ. पहले पोर पर : धार्मिक प्रवृत्ति / पागलपन
   - ब. दूसरे पोर पर : पढ़ाई में सफलता
   - स. तीसरे पोर पर : बुरी सोच और बुरी आदतें
2. शनि उंगली पर क्रॉस चिह्न :-

   पहले पोर पर : पागलपन की हद तक अंधविश्वास, अपराध या आत्महत्या की प्रवृत्ति

   दूसरे पोर पर : खतरनाक संभावनाएं।

   तीसरे पोर पर : पुरुष के हाथ - चोरी की आदत
स्त्री के हाथ में - बांझपन
3. सूर्य उंगली पर : क्रॉस चिह्न

   पहले पोर पर : पागलपन की हद तक उत्सुकता।

   दूसरे पोर पर : नामर्द, असाधारण।

   तीसरे पोर पर : सपने चकनाचूर होना, कार्य में रुकावट
4. बुध उंगली पर क्रॉस चिह्न

   पहले पर्व पर : अच्छे हाथ पर हो तो-भविष्यवक्ता।
बुरे हाथ पर हो तो-चोरी की आदत।

   दूसरे पोर पर : अनेक कठिनाइयां और कारावास

   तीसरे पोर पर : चोरी की प्रवृत्ति

उंगलियों पर क्रॉस चिह्न

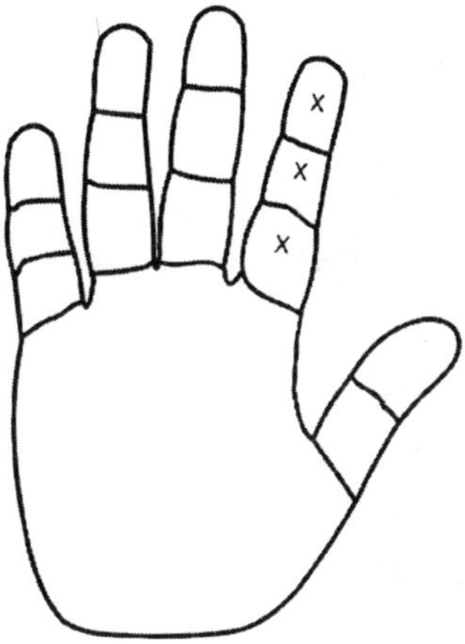

चित्र - 1

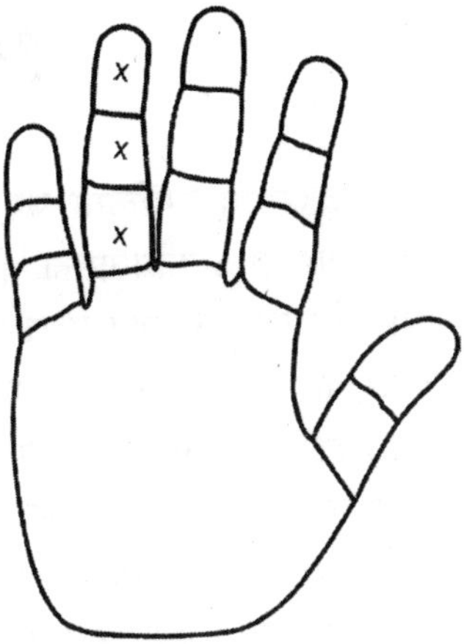

चित्र - 3

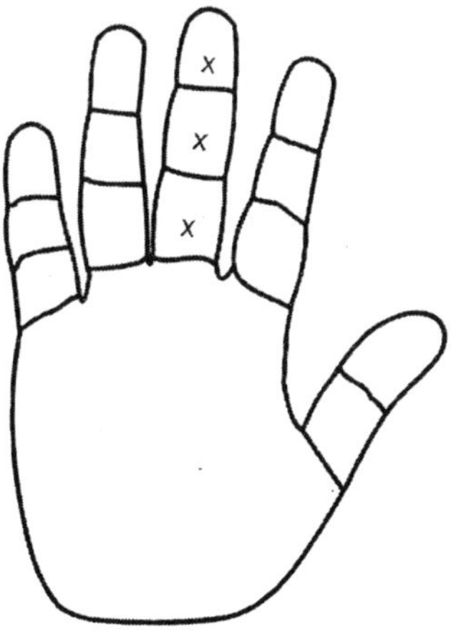

चित्र - 2

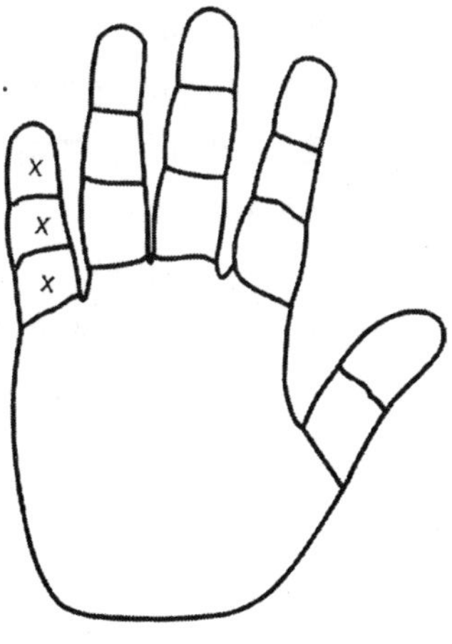

चित्र - 4

उंगलियों के पोरों पर वर्ग के चिह्न

(1) बृहस्पति उंगलियों पर चौकोर चिह्न -

पहले पोर पर : कामवासना में अनहोनी से बचाव।

दूसरे पोर पर : मजबूत पकड़।

तीसरे पोर पर : निम्न स्तर की चेतना शक्ति।

(2) शनि उंगली पर - चौकोर निशान

पहले पोर पर : अलग-थलग जीवन से बचाव।

दूसरे पोर पर : मुसीबत जो टाली न जा सके।

तीसरे पोर पर : दया भाव हीन निपटारा।

(.3) सूर्य उंगली पर चौकोर निशान

पहले पोर पर : भौतिक आपदा से बचाव।

दूसरे पोर पर : कला में रुकावटें या हस्तक्षेप।

तीसरे पोर पर : कामवासना में अनहोनी से बचाव।

(4) बुध उंगली पर चौकोर निशान

पहले पोर पर : व्यावहारिक जीवन में सफलता, व्यावसायिक उन्नत योग्यता।

दूसरे पोर पर : कारावास संभावित।

तीसरे पोर पर : संदेहास्पद व्यवहार।

उंगलियों पर चौकोर चिह्न

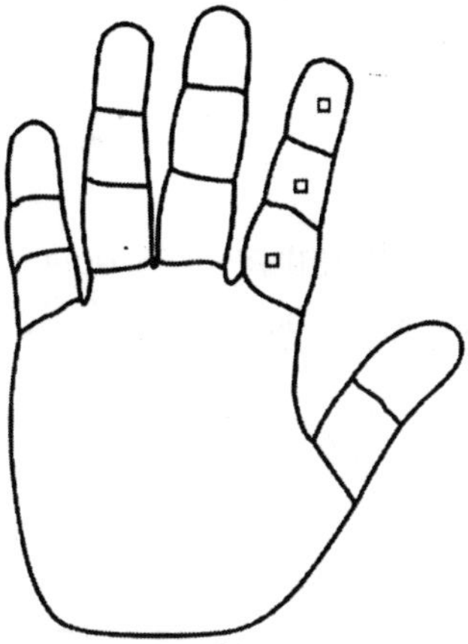

चित्र - 1

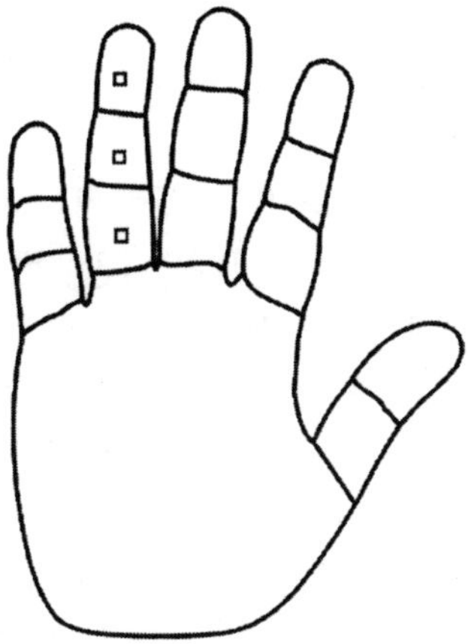

चित्र - 3

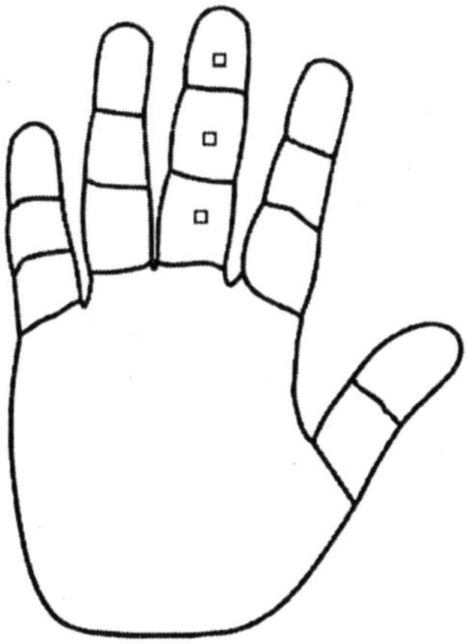

चित्र - 2

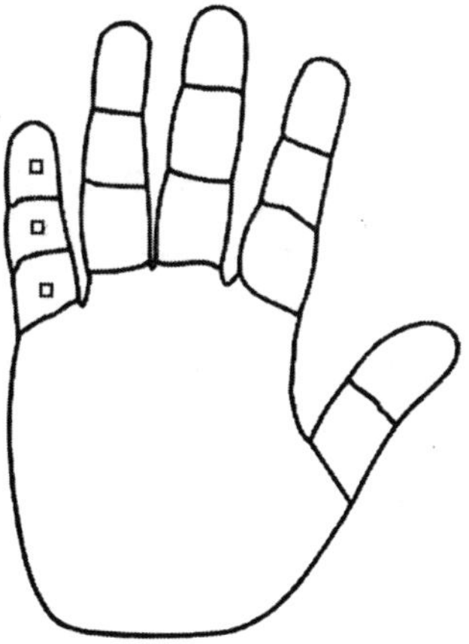

चित्र - 4

उंगलियों के पोरों पर तारे के चिह्न

(1) बृहस्पति उंगली पर तारे का चिह्नः-

(अ) पहले पोर पर : व्यक्ति के भविष्य से संबंधित गंभीर घटना

(ब) दूसरे पोर पर : तारे का चिह्न हो पास ही घुमावदार रेखा हो तो-भद्दापन

(2) शनि उंगली पर तारे का चिह्नः-

पहले पोर पर : चाहे अच्छा हो या बुरा हाथ, अगर दोनों हाथों में समान रूप से पाया जाए तो हत्या का खतरा रहता है।

दूसरे पोर पर : दुर्भाग्य का सूचक, अनचाहा अपराध हो जाना।

तीसरे पोर पर : बुरे हाथ पर खून या हत्या का सूचक, अच्छे हाथ पर-व्यक्ति की स्वयं की हत्या या हत्या का शिकार होना।

(3) सूर्य उंगली पर तारे का चिह्नः-

(अ) पहले पोर पर : व्यक्ति की चातुर्य को हानि।

(ब) दूसरे पोर पर : असाधारण कला होना।

(स) तीसरे पोर पर : प्रशंसा सुनना अच्छा लगना।

(4) बुध उंगली पर तारे का चिह्नः-

पहले पोर पर : उद्घोषक के रूप में सफलता

दूसरे पोर पर : बुद्ध पर्वत में दोष के कारण बदनामी।

तीसरे पोर पर : (अ) निरंतरता और प्रभुत्व (ब) अगर दो तारे हों-असम्मानजनक मृत्यु, चोरी के दौरान मृत्यु, धर पकड़ के दौरान मृत्यु।

उंगलियों पर तारे का चिह्न

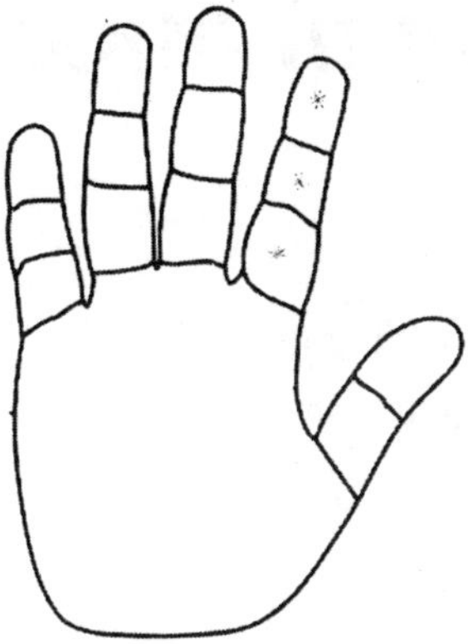

चित्र - 1

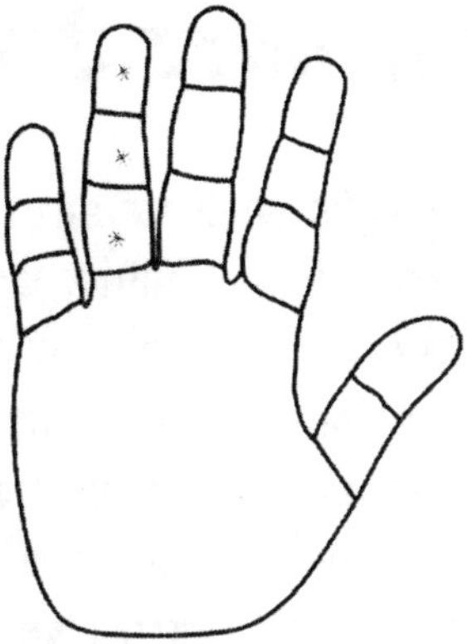

चित्र - 3

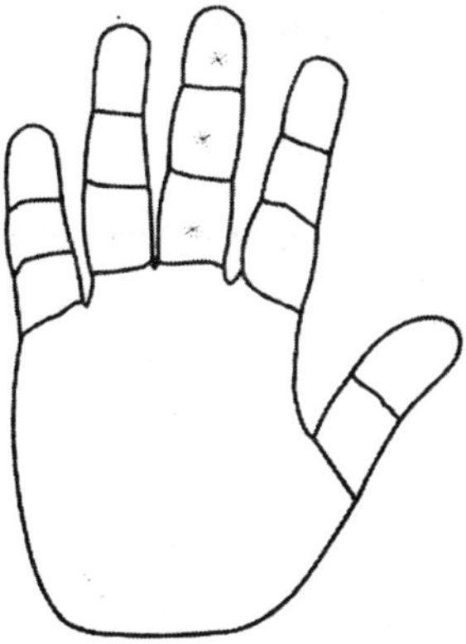

चित्र - 2

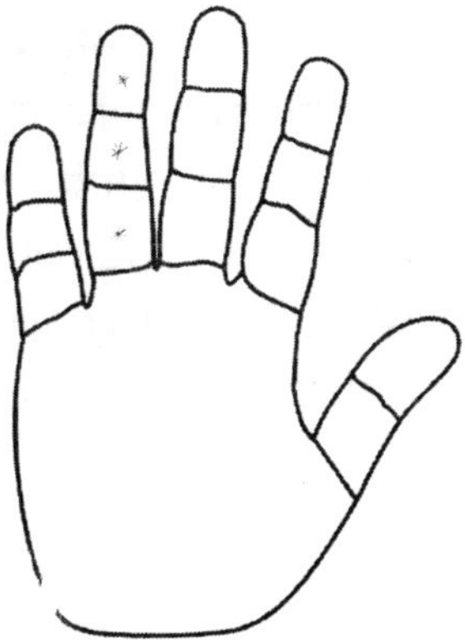

चित्र - 4

उंगलियों के पोरों पर समानान्तर रेखाओं के चिह्न

(1) बृहस्पति उंगली पर आड़ी रेखाएं:-

(अ) पहले पोर पर : धार्मिक प्रवृत्ति।

(ब) दूसरे पोर पर : गलत रास्ते पर चलने की प्रवृत्ति।

(स) तीसरे पोर पर : ताकत पाने के रास्ते में रुकावट।

(2) शनि उंगली पर आड़ी रेखाएं:-

(अ) पहले पोर पर : आत्महत्या की प्रवृत्ति।

(ब) दूसरे पोर पर : गुस्सैल प्रवृत्ति।

(स) तीसरे पोर पर : अकेलेपन का शिकार, दोस्त द्वारा अकेले छोड़ जाना।

(3) सूर्य उंगली पर आड़ी रेखाएं:-

(अ) पहले पोर पर : कला के क्षेत्र में कठिनाइयां।

(ब) दूसरे पोर पर : खूबियों में कमी, दूसरों से जलन।

(स) तीसरे पोर पर : गरीबी में जीवन निर्वाह।

(4) बुध उंगली पर आड़ी रेखाएँ:-

(अ) पहले पोर पर : बड़ा व्यवसाय अच्छे हाथ में परा विज्ञान में रुचि।

(ब) दूसरे पोर पर : गलत आदतें।

(स) तीसरे पोर पर : चोरी की आदतें।

उंगलियों पर आड़ी रेखा चिह्न

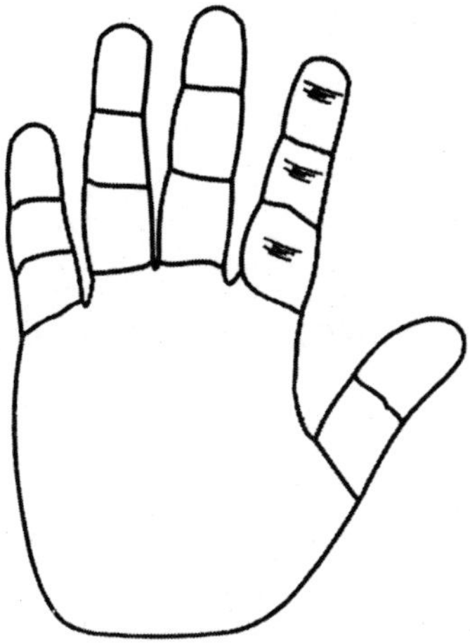

चित्र - 1

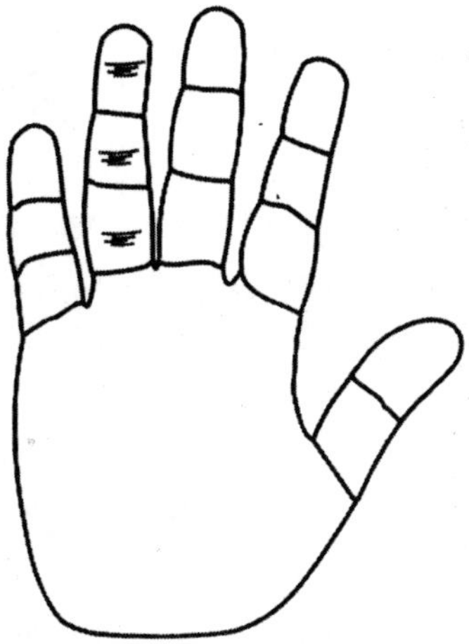

चित्र - 3

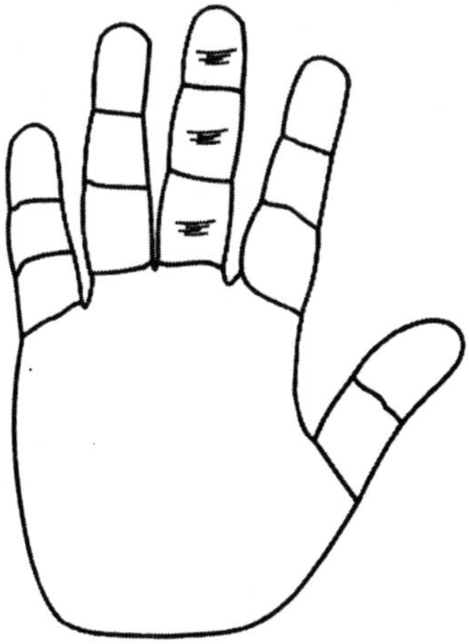

चित्र - 2

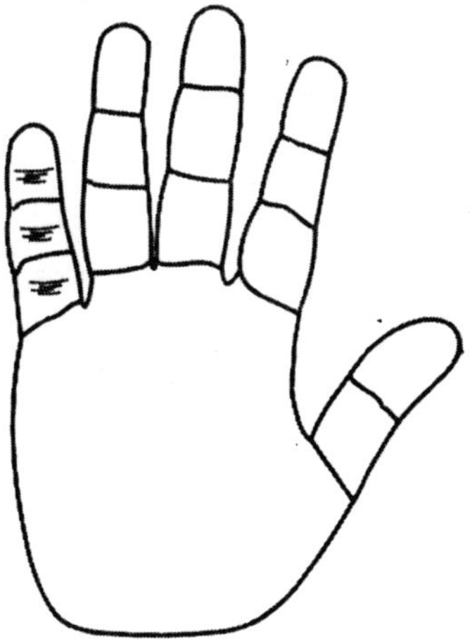

चित्र - 4

उंगलियों के पोरों पर खड़ी रेखाएं

(1) बृहस्पति उंगली पर खड़ी रेखाएं:-

(अ) पहले पोर पर : धार्मिक प्रवृत्ति छोड़ना।

(ब) दूसरे पोर पर : व्यक्ति को अच्छे सार्वजनिक कार्यों के लिए औरों से मदद सम्भव।

(स) तीसरे पोर पर : अमीरी।

(2) शनि उंगली पर खड़ी रेखाएं:-

(अ) पहले पोर पर : अंधविश्वास।

(ब) दूसरे पोर पर : ऊपरी और बीच के जोड़ को काटे तो बेवकूफी और पागलपन।

(स) तीसरे पोर पर : अत्यधिक ह्रास।

(3) सूर्य उंगली पर खड़ी रेखाएँ:-

(अ) पहले पोर पर : उत्कृष्ट कलाकार।

(ब) दूसरे पोर पर : गहरी खड़ी रेखा दूसरे से तीसरे पर्व की ओर आती हुई–बदलाव की स्थिति।

(स) तीसरे पोर पर : दूसरे और तीसरे पर्व के बीच उपरोक्त का उल्टा होना, विपरीत लिंग के व्यक्तित्व की वजह से।

(4) बुध उंगली पर खड़ी रेखाएं:-

(अ) पहले पोर पर : कॉफी का व्यवसाय अच्छे हाथ में परा विज्ञान में रुचि।

(ब) दूसरे पोर पर : धोखे की प्रवृत्ति।

(स) तीसरे पोर पर : भौतिक वस्तुओं के प्रति रुझान।

उंगलियों पर खड़ी रेखाएं

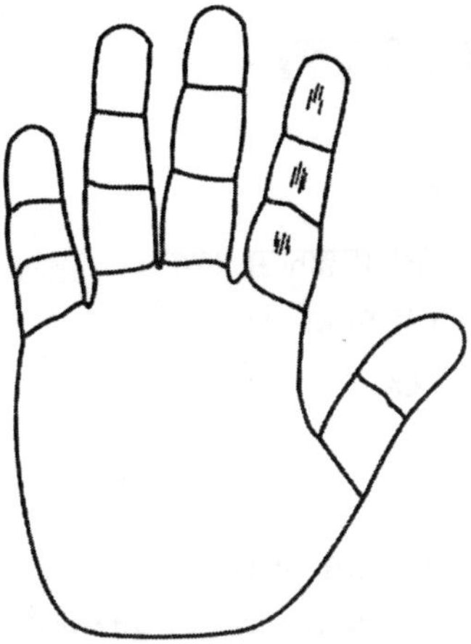

चित्र - 1

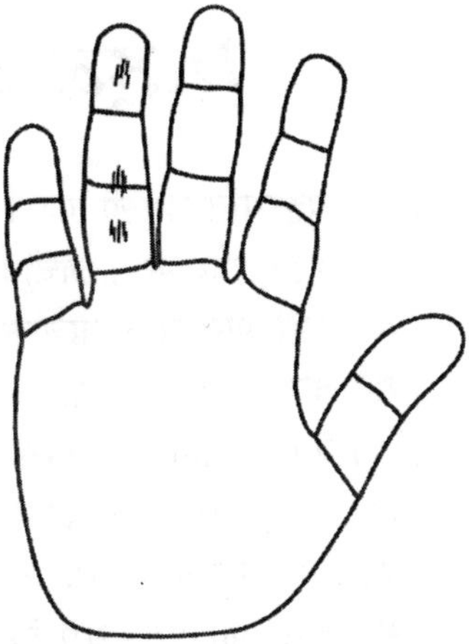

चित्र - 3

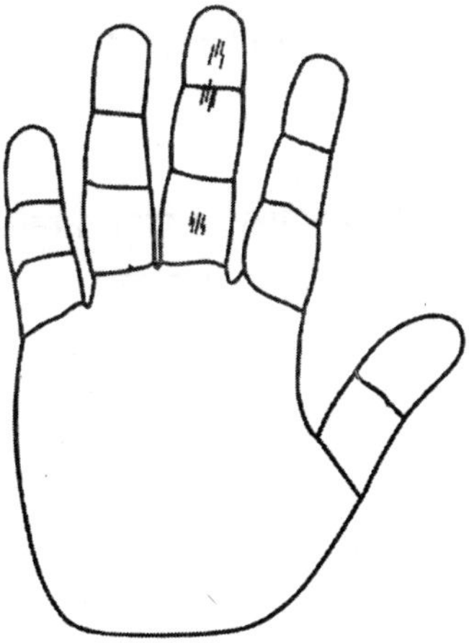

चित्र - 2

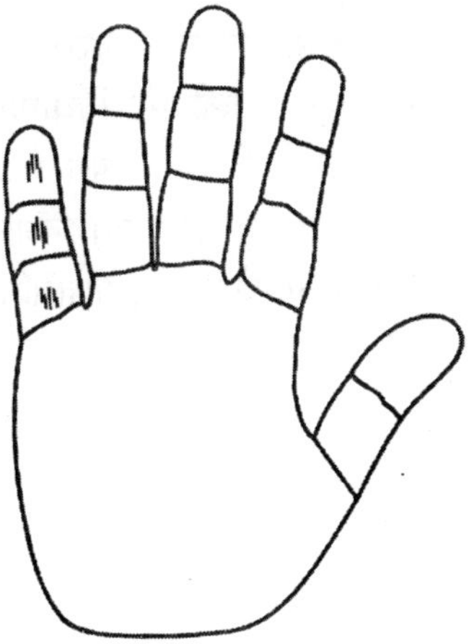

चित्र - 4

उंगलियों के पोरों पर त्रिकोण चिह्न बना होना-

(1) बृहस्पति उंगली पर त्रिकोण चिह्नः

(अ) पहले पोर पर : प्राचीन जादू एवं परा विज्ञान में रुझान।

(ब) दूसरे पोर पर : चालाक राजनीति (राजनीतिज्ञ)।

(स) तीसरे पोर पर : गणित में विश्व प्रख्यात।

(2) शनि उंगली पर त्रिकोण चिह्न :

(अ) पहले पोर पर : धार्मिक प्रवृत्ति ।

(ब) दूसरे पोर पर : परा विज्ञान के प्रति विशेष रुझान।

(स) तीसरे पोर पर : बुरी किस्मत के प्रभाव से बुरा स्वभाव और प्रवृत्ति।

(3) सूर्य रेखा उंगली पर त्रिकोण चिह्न :

(अ) पहले पोर पर : खूबसूरत विज्ञान।

(ब) दूसरे पोर पर : कला विज्ञान में डिवाइन मिस्ट्री।

(स) तीसरे पोर पर : दूसरों को ऊपर चढ़ाने की विशेष कला होना।

(4) बुध उंगली पर त्रिकोण चिह्न :

(अ) पहले पोर पर : परा विज्ञान में रुचि।

(ब) दूसरे पोर पर : परा विज्ञान उपयोग में विशेष सफलता प्राप्त करना।

(स) तीसरे पोर पर : प्रशासनिक एवं राजनैतिक चातुर्य से समृद्ध।

उंगलियों पर त्रिकोण चिह्न

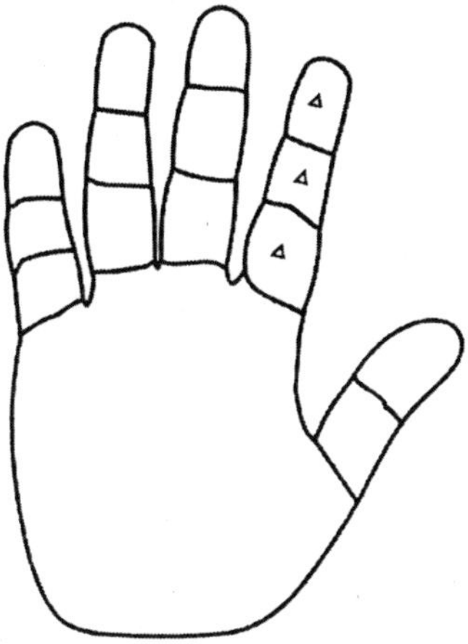

चित्र - 1

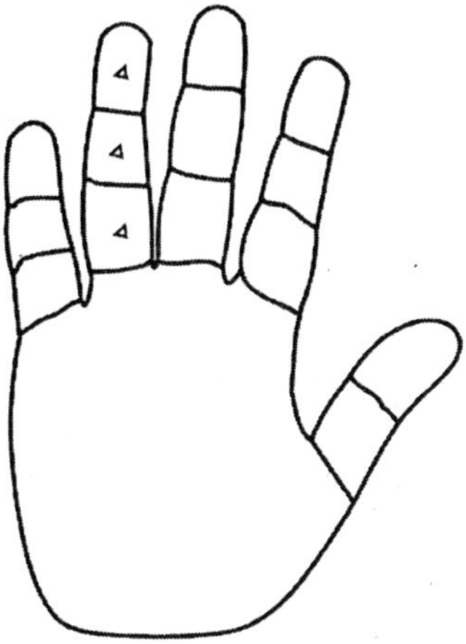

चित्र - 3

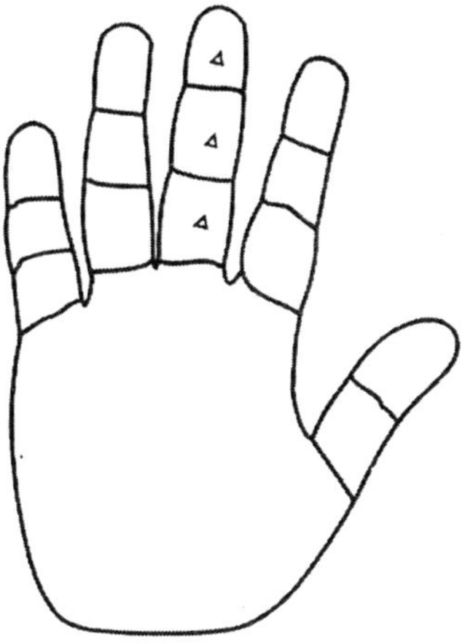

चित्र - 2

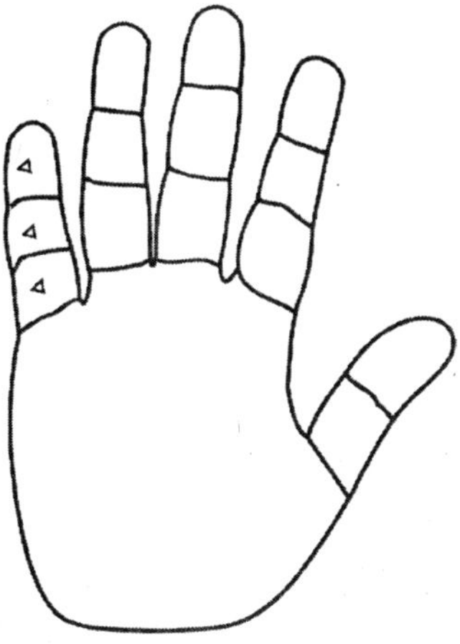

चित्र - 4

उंगलियों के पोरों पर जाली के चिह्न

(1) बृहस्पति उंगली पर जाली का चिह्नः

(अ) पहले पोर पर : खर्चीली साध्वी का जीवन, धार्मिक जीवन।

(ब) दूसरे पोर पर : असफलता।

(स) तीसरे पोर पर : पूर्ण रूप से चरित्रहीन, कारावास सम्भव।

(2) शनि उंगली पर जाली चिह्नः

(अ) पहले पोर पर : धार्मिक प्रवृत्ति।

(ब) दूसरे पोर पर : दुर्भाग्य - नसों की बीमारी, पैरों और कानों से संबंधित।

(स) तीसरे पोर पर : कंजूसी की प्रवृत्ति।

(3) सूर्य उंगली पर जाली का चिह्नः

(अ) पहले पोर पर : बुरे चरित्र की प्रवृत्ति।

(ब) दूसरे पोर पर : गरीबी, दुश्मनी, हर प्रकार का दुर्भाग्य सहना पड़े।

(4) बुध उंगली पर जाली का चिह्नः

(अ) पहले पोर पर : चोरी की आदत, काले जादू में रुचि।

(ब) दूसरे पोर पर : व्यवहार में नासमझी।

(स) तीसरे पोर पर : बेवकूफी, चोरी, बेवकूफी का शिकार होना।

उंगलियों पर जाली के चिह्न

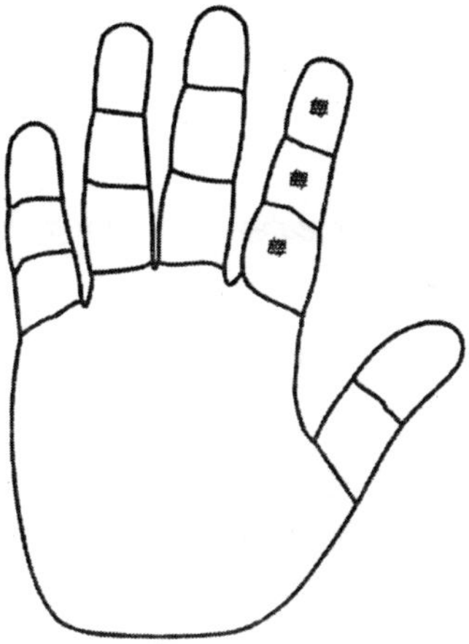

चित्र - 1

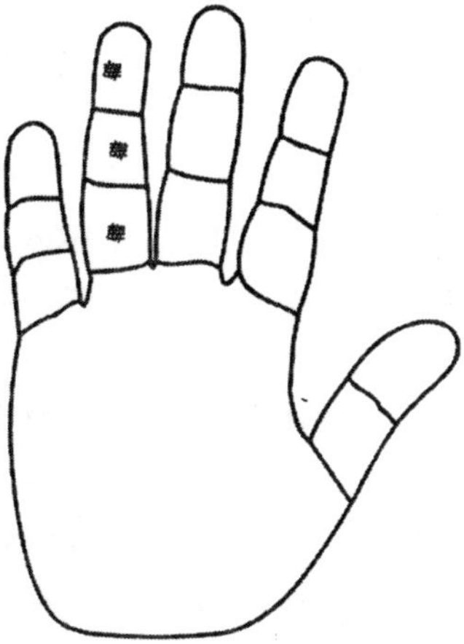

चित्र - 3

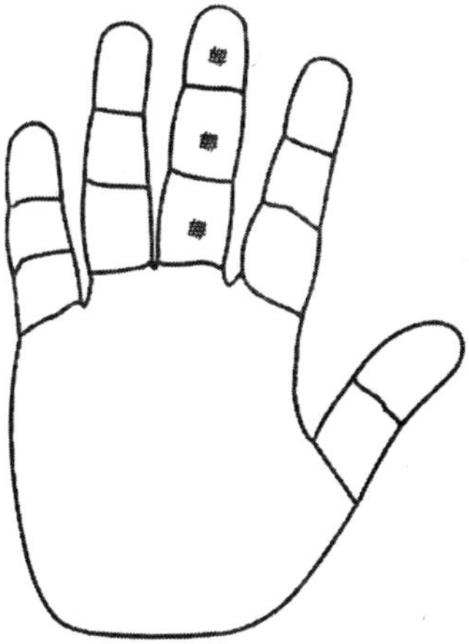

चित्र - 2

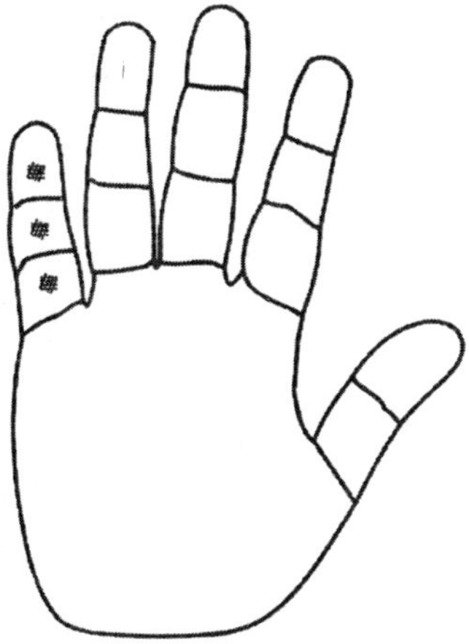

चित्र - 4

उंगलियों के पोरों पर वृत्त के चिह्न

(1) बृहस्पति उंगली पर वृत चिह्नः

(अ) पहले पोर पर : भरोसे की जीत, जो बात व्यक्ति के दिमाग में हो।

(ब) दूसरे पोर पर : ताज-पोशी की तमन्ना।

(स) तीसरे पोर पर : सपनों को साकार करने में सफलता।

(2) शनि उंगली पर वृत चिह्नः

(अ) पहले पोर पर : काला धब्बा-मलेरिया बुखार होता है।

(ब) दूसरे पोर पर : पराविज्ञान पर शोध में विशेष सफलता प्राप्त हो।

(स) तीसरे पोर पर : दार्शनिक विषय की पढ़ाई में विशेषता प्राप्त होना।

(3) सूर्य उंगली पर वृत चिह्नः

(अ) पहले पोर पर : अप्रत्याशित सफलता।

(ब) दूसरे पोर पर : विशेष सफलता।

(स) तीसरे पोर पर : ख्याति और किस्मत एवं सौभाग्य।

(4) बुध उंगली पर गोल चिह्नः

(अ) पहले पोर पर : व्यावसायिक माहौल से बचकर निकल पाना मुश्किल।

(ब) दूसरे पोर पर : धोखाधड़ी में अपने को फंसा लेना।

(स) तीसरे पोर पर : चोरी, इच्छा जो कभी साकार रूप ना ले सके।

उंगलियों पर वृत्त चिह्न

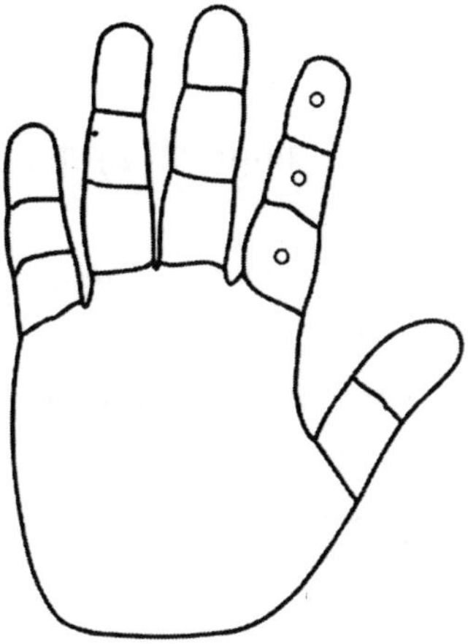

चित्र - 1

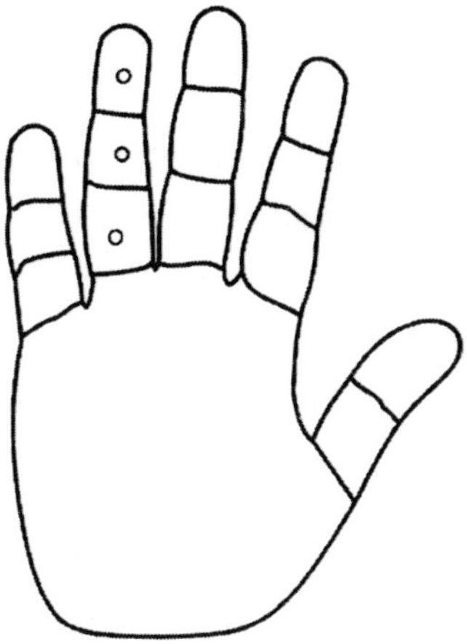

चित्र - 3

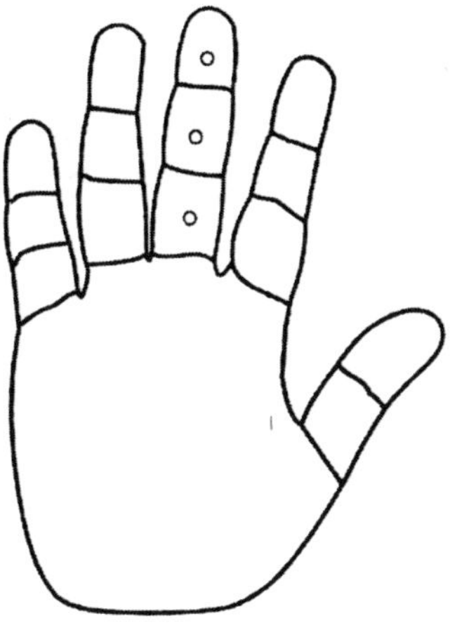

चित्र - 2

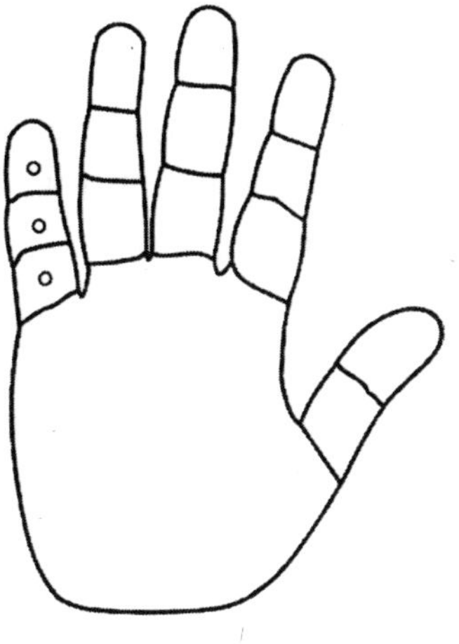

चित्र - 4

उंगलियों के पोरों पर मिले-जुले चिह्न

(1) त्रिकोण चिह्न जो दूसरे पोर के जोड़ पर हो : बीमारी की प्रवृत्ति और शारीरिक कमजोरी।

(2) छोटी गहरी खड़ी रेखा जो हर उंगली के पोर के जोड़ पर चिह्नित हो: अचानक मृत्यु का योग।

(3) गहरी रेखा जो पूरी उंगली की लम्बाई पर अंकित हो: संवेदनशील सम्मान।

(4) कई आड़ी रेखाएं हर उंगली के पहले पोर पर: खराब स्वास्थ्य।

(5) लहराती हुई आड़ी रेखाएं हर उंगलियों के पहले पोर पर: बह जाने का खतरा, स्वास्थ्य को विशेष खतरा।

(6) नीचे की ओर लहराती हुई रेखाएं जो पूरी उंगली पर अंकित हों और शनि पर्वत पर रेखाएं कटी हुई होती: दुर्भाग्यपूर्ण घटनाएं।

(7) एक सीधी रेखा जो शुक्र पर्वत से पहले पोर तक जाती हो : हिंसापूर्ण मृत्यु, हिंसात्मक मृत्यु

(8) गहरी आड़ी रेखा, शनि उंगली के दूसरे पोर पर: जहर खाने से मृत्यु।

(9) (अ) एक गहरी नीचे की ओर आती हुई रेखा जो शनि अंगुली के तीसरे पोर पर हो: युद्ध में सफलता।

(ब) और यदि यही रेखा टेढ़ी होकर नीचे आए : युद्ध के दौरान मृत्यु, शहीद होना।

(स) और यदि रेखा काटेदार चम्मचनुमा हो जाए : दुर्भाग्यपूर्ण व्यवहार ऐसे व्यक्ति समाज को और व्यक्तियों को नफरत की नजर से देखते हैं।

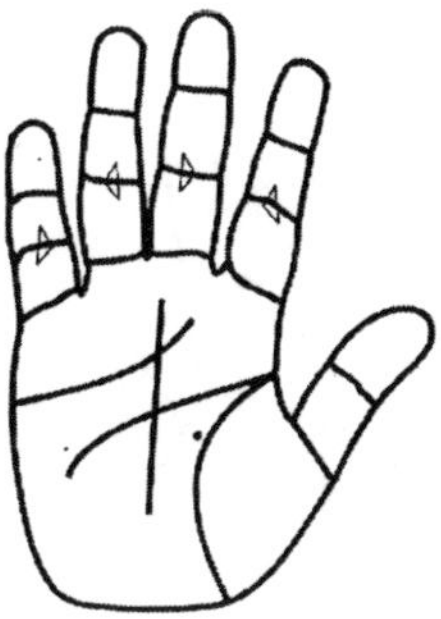

चित्र - 1

चित्र - 2

चित्र - 3

चित्र - 4

चित्र - 5

चित्र - 6

चित्र - 7

चित्र - 8

चित्र-9(अ)

चित्र-9(ब)

चित्र-9(स)

चित्र-10(अ)

चित्र-10(ब)

चित्र - 11

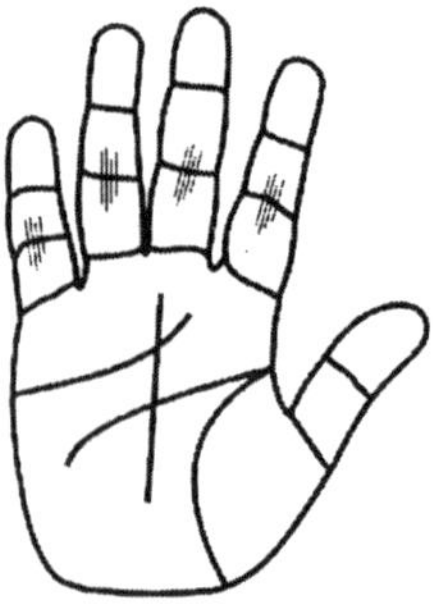

चित्र - 12

चित्र - 13

(10) (अ) कांटेदार चम्मचनुमा रेखा जो सूर्य उंगुली के तीसरे पोर पर अंकित हो: सम्पदा और ख्याति प्राप्ति के विफल प्रयास।

(ब) यदि रेखा अर्द्धगोलाकार हो तो : नाखुशी या दुखी रहने का प्रतीक।

(11) बुध अंगुली के पहले पोर पर काटेदार चम्मचनुमा चिह्न : व्यापार में सफलता।

(12) कई नीचे की ओर आती हुई रेखाएं दूसरे पोर के जोड़ से तीसरे पोर के जोड़ से आती हुई अंगुली के अंतिम छोर पर पहुँचे:.विपरीत लिंग की वजह से कार्य उल्टा हो।

(13) एक गहरी नीचे की ओर आती हुई रेखा जो बुध उंगली के पहले पोर से उंगली के अंतिम छोर तक पहुँचे : वैज्ञानिक शोध कार्य में सफलता।

चित्र - 1

चित्र - 2

चित्र - 3

चित्र - 4

चित्र - 5

चित्र - 6

चित्र - 7

चित्र - 8

चित्र - 9

चित्र - 10

अंगूठे के पोरों पर मिले-जुले चिह्न

(1) अंगूठे के पहले पोर पर खड़ी हुई गहरी रेखाएं:

(अ) सहन शक्ति बढ़ाती है

(ब) रेखाएं कई हों और हल्की हों तो: सहनशक्ति कम होती है।

(2) आड़ी रेखाएँ : सफलता में रुकावट और रेखाओं में विभिन्न रंग दिखाई दे तो व्यक्ति को अनेक कठिनाइयों का सामना करना पड़ सकता है।

(3) क्रॉस जो शुक्र पर्वत पर भिन्न किरणों के साथ हो तो व्यक्ति संभोग में विफल होता है।

(4) नाखून के पास दो क्रॉस चिह्न : ऐशो-आराम के लिए प्रेम या प्यार करते हैं।

(5) तारे का चिह्न शुक्र पर कई किरणों के साथ चिह्नित हो: संभोग में विरोध का सामना करना पड़े।

(6) अगर दो सितारे चिह्नित हों: लगातार खामियां ढूंढना।

(7) एक त्रिकोण: व्यक्ति की सहनशक्ति उसकी वैज्ञानिक सोच पर निर्भर करे।

(8) एक गोलाकार चिह्न: अद्वितीय सहनशक्ति की वजह से विशेष सफलता।

(9) एक चौकोर चिह्न: सहन शक्ति एक ही दिशा में एकाग्र होती है।

(10) एक जाली: पति या पत्नी को मृत्यु का खतरा।

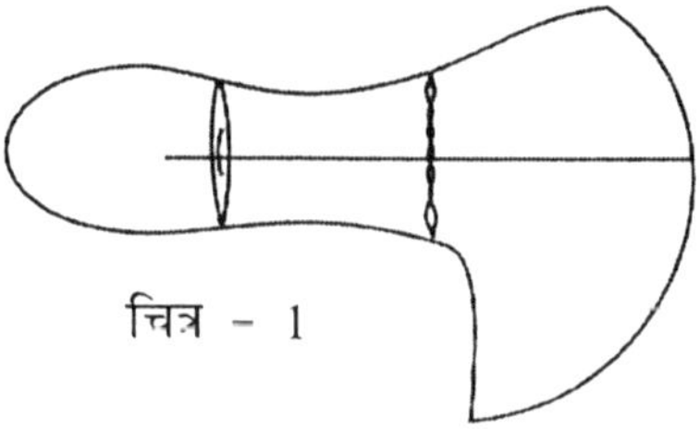

चित्र - 1

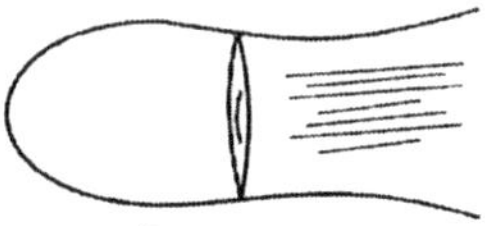

चित्र - 2

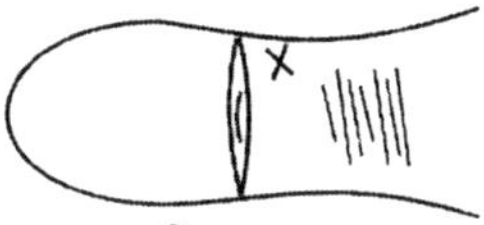

चित्र - 3

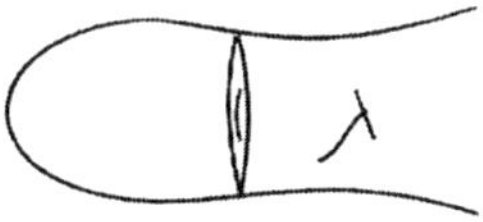

चित्र - 4

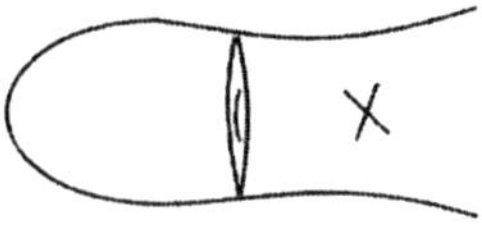

चित्र - 5

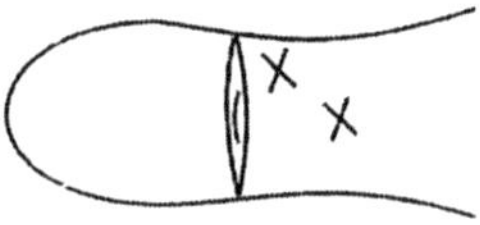

चित्र - 6

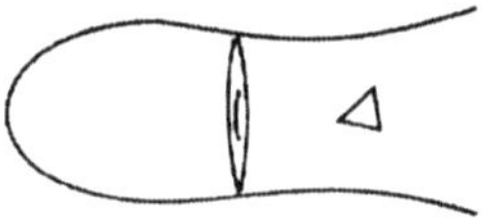

चित्र - 7

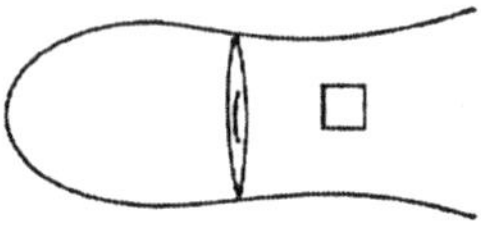

चित्र - 8

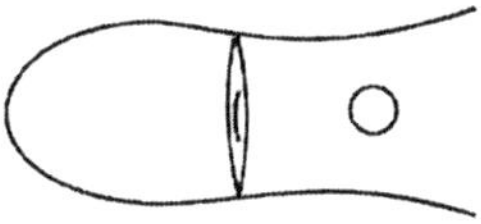

चित्र - 9

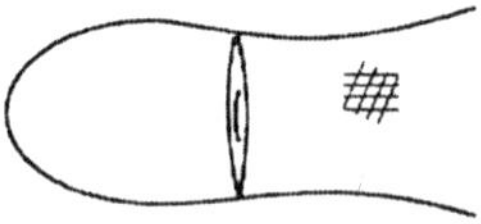

चित्र - 10

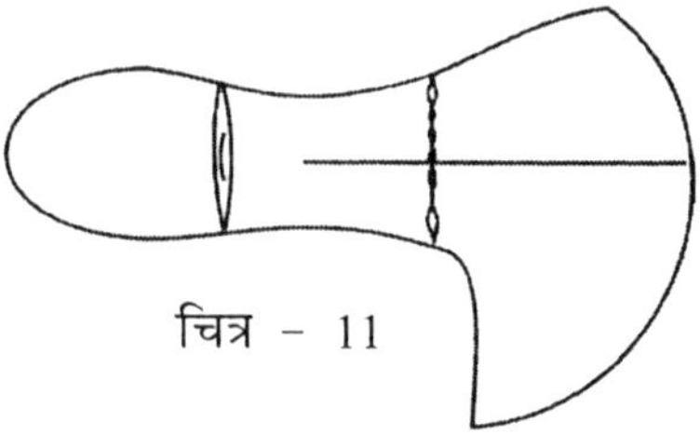

चित्र - 11

अंगूठे के दूसरे पोर पर चिह्न-

(1) पहले पोर से एक रेखा जीवन रेखा तक जाए: धातु के हथियार से व्यक्ति की मृत्यु।

(2) नीचे की ओर साफ रेखा: अच्छी परख शक्ति।

(3) आड़ी रेखा: सामान्य सोच की कमी।

(4) एक कांटेदार चम्मचनुमा रेखा: हिचकिचाहट वाले तरीके।

(5) दूसरे पर्व पर क्रॉस: आसानी से प्रभावित होना।

(6) एक या दो सितारे: गलत दिशा में झूठ बोलने की प्रवृत्ति।

(7) एक त्रिकोण: गहरी वैज्ञानिक या फिलॉसफिक सोच।

(8) एक चौकोर चिह्न: तर्क प्रस्तुत करने का अभाव।

(9) एक गोलाकार चिह्न: असल की जीत।

(10) एक जाली: ध्येय को पाने में कमी।

(11) दूसरे पर्व से रेखा, जीवन रेखा तक जाए: जीवन में परेशानियाँ।

चतुर्थ अध्याय
भविष्यवाणियां

इंदिरा गांधी से संबंधित भविष्यवाणियाँ एवं परिणाम

इंदिरा गांधी के जीवन को दर्शाने वाली घटनाओं के प्रमाण इकट्ठा कर उनके भविष्य में होने वाली घटनाओं को ग्राफिक्स द्वारा दिखाया गया है। यह भविष्यवाणियाँ घटित होने से पूर्व अखबार के मुख्य पृष्ठ पर प्रकाशित हुई थीं। प्रमाण के रूप में उन्हें भी पुस्तक में छापा गया है।

प्रथम भविष्यवाणी

17 सितम्बर 1979

जिस समय यह भविष्यवाणी की गई थी उस समय जनता पार्टी का शासनकाल था और मध्यावधि चुनाव की भी कोई आशा नहीं थी। यह मेरे जीवन की प्रथम भविष्यवाणी थी जिसको अखबार में छपवाने में भी कुछ मशक्कत करनी पड़ी थी। भविष्यवाणी करते ही जनता पार्टी टूट गई और मध्यावधि चुनाव की घोषणा अक्टूबर, 1979 में हो गई।

मेरी भविष्यवाणी में छपा था कि इंदिरा गांधी अगली सरकार जनवरी, 1980 में बनाएगी!

चुनाव अक्टूबर में होना व चारों तरफ से अखबारों और पत्रिकाओं द्वारा इंदिरा गांधी के न जीतने की खबरें छपने पर मुझे अखबार के सम्पादक ने बुलाया और कहा कि सभी समाचार पत्र व पत्रिकाओं ने इंदिरा की जीत को नकार दिया है। आपके हिसाब से यदि इंदिरा गांधी जीत भी गईं तो क्या पार्लियामेंट तीन माह तक बंद रहेगा क्योंकि आपने उनके जनवरी 1980 में सरकार बनाने की भविष्यवाणी की है। इस पर उन्होंने मुझे पुनः विचार करने को कहा। मेरे द्वारा किसी प्रकार का भी संशोधन न किए जाने पर अखबार ने नई भविष्यवाणी छापी की "जगजीवन राम नए प्रधानमंत्री होंगे।" कुछ ही दिनों बाद मोरवी नदी में बहुत बड़ी बाढ़ आने से हजारों लोगों की मौत हो गई, जिस कारण चुनाव स्थगित करना पड़ा और अक्टूबर के स्थान पर 27 दिसम्बर को चुनाव हुए। इंदिरा गांधी चुनाव जीत गई और 5 जनवरी 1980 में कांग्रेस ने नई सरकार बनाई।

Indira's Great Victory—

HINT's Numero-Palmist Tops Astrologers In Accuracy

Smt. Indira Gandhi
—NEW HOPES—

While astrologers, most of them "renowned", have over the past few months been predicting on the results of elections, they discounted the success of the Congress-I and Mrs. Gandhi, HINT's Numero-Palmist Shri V.K. Sharma, who writes a regular monthly column 'Numbers Foretell', perhaps was the only person to predict that "MRS. INDIRA GANDHI WILL FORM THE NEW GOVERNMENT IN JANUARY 1980".

Writing under caption 'Numerologically Predicting' in HINT dated September 17, 1979 Page 2, Shri V.K. Sharma provided comparative Number Charts of Mrs. Gandhi's position in 1971 and 1980 and said that the positions are practically the same.

When, after reading varied opinions of different astrologers in different newspapers and magazines which discounted Mrs. Gandhi to power, your Editor asked Shri V.K. Sharma to reconsider and perhaps change his opinion prediction, he was firm and said, "The position is very clear in my calculations and Mrs. Gandhi will emerge victorious, sweep elections and form the government this

अंकों की भविष्यवाणी, 17 सितम्बर 1979, 'हिण्ट' अखबार

क्या श्रीमती इंदिरा गांधी सरकार बनाएंगी। आइए अंकों के द्वारा इसका विश्लेषण करें!

वर्ष 1971 व 1980 के अंकों में लगभग समानता है। इसमें एक अंक बदला हुआ है। आखिर के 1 अंक के स्थान पर शून्य है। यदि यह चुनाव 9 माह और देरी से होता तो अंकों में 1971 वाली स्थिति आ जाती और वह चुनाव पूर्ण बहुमत से जीत जातीं। परंतु 9 माह अति शुभ समय से पूर्व चुनाव होने के कारण उसको बहुमत मिलेगा और कुछ स्वतंत्र उम्मीदवारों की मदद से वर्ष 1980 में सरकार बनाएंगी।

श्रीमती इंदिरा गांधी की अंकों पर आधारित भविष्यवाणी

जन्म की दिनांक - 19 नवम्बर

'की' का अंक - 19 - 1+9 = 10 = 1+0 = 1

जन्म का वर्ष - 1917 - 1+9+1+7 = 18 - 1+8 = 9

वर्ष 1971 में अंकों की स्थितिः-

1971 का योग = 18 - 1+8 = 9

वर्ष का अंतिम अंक = 1

उसका 'की' अंक = 1

उसकी आयु वर्ष 1971 में = 54 - 5+4=9

वर्ष 1980 में अंकों की स्थितिः-

1980 का योग = 18 - 1+8=9

वर्ष 1980 में आयु = 63 - 6+3=9

'की' का अंक = 1

वर्ष का अंतिम अंक = 0

1971	1980
9-9	9-9
1-1	1-0

वर्ष 1971 व 1980 के अंकों के चार्ट में लगभग समानता है। 1979-80 के आखिर में 1 अंक के स्थान पर शून्य है। इसलिए इस थोड़े से अंतर के कारण व लक्ष्य के करीब पहुंच जाएंगी और थोड़ी सी बाहरी मदद से मिलकर वर्ष 1980 में नई सरकार बनाएंगी।

परिणाम :- चुनाव तीन माह आगे बढ़ गए, अक्टूबर के स्थान पर

month of January." (HINT dated January 7th, 1980—Editorial.)

When HINT's Numero-Palmist Shri V.K. Sharma took his own manuscript about the triumphant victory of Smt. Indira Gandhi to the Editor of Dharamyug, the latter flatly refused to accept it with a pinch of salt, while Dharamyug's own astrologer, Pandit Acharya Raj declared in the Dharamyug dated September 22,1979, that "Mrs. Gandhi can never come to power and that her party Congress-I will achieve 4th or 5th position in January 1980 elections!" Top astrologers in *Sunday* dated September 9,1979 have made fantastic statements, denying Prime Ministership to Indira Gandhi in no charitable terms but ranking her all along the line.

Hardly anybody except Prof. P.T. Sundaram talked of Sanjay Gandhi and his return to power. He said, "Charan Singh would continue to be Prime Minister at least till March 1980."

(Contd. On Page 6)

V.K. SHARMA
HINT's Numero-Palmist

OUR NEXT ISSUE

Next issue of HINT will be the Republic Day Number on January 26, 1980. There will, therefore, be NO ISSUE of HINT on Monday Jan. 21.

दिसम्बर के अन्त में हो गए जिसका लाभ इंदिरा गांधी को मिला और वह पूर्ण बहुमत से चुनाव जीत गईं।

इंदिरा की बहुत बड़ी जीतः- 14 जनवरी, 1980 'हिण्ट' अखबार

हिण्ट के न्यूमरो पामिस्ट सटीक भविष्यवाणी से ज्योतिषियों में सर्वश्रेष्ठ रहे।

पिछले कुछ महीनों से नामी-गिरामी ज्योतिषियों ने इंदिरा गांधी व कांग्रेस आई की हार के विषय में लिखा है, वहीं पर हिण्ट अखबार के अंक व हस्तरेखा विशेषज्ञ पंडित वी.के. शर्मा जो अखबार में मासिक कॉलम "नम्बर फोरटेल्स", लिखते हैं शायद यह एकमात्र व्यक्ति थे जिन्होंने भविष्यवाणी की थी **"इंदिरा गांधी जनवरी, 1980 में अपनी सरकार बनाएंगी।"**

हिण्ट अखबार में 17 सितम्बर, 1979, पेज 2 पर छपे कॉलम में पंड़ित वी. के. शर्मा ने वर्ष 1971 व 1980 का तुलनात्मक चार्ट दिया और बताया कि इन दोनों की स्थिति लगभग एक सी है।

जब बहुत से अखबारों और पत्रिकाओं ने इंदिरा गांधी की जीत को नकार दिया, तब हिण्ट अखबार के सम्पादक ने पंडित वी.के. शर्मा से उनकी भविष्यवाणी पर पुनः विचार करने व शायद मत को बदलने को कहा। वह अपनी भविष्यवाणी पर दृढ़ रहे और उन्होंने कहा **"मेरी गणना में स्थिति पूर्णतया स्पष्ट है, इंदिरा गांधी, पूर्ण बहुमत से चुनाव जीतेंगी और जनवरी 1980 में सरकार बनाएंगी"**, (हिण्ट - दिनांक 7 जनवरी, 1980)।

जब हिण्ट का न्यूमरो पामिस्ट, पंडित वी.के. शर्मा अपनी भविष्यवाणी इंदिरा गांधी की विजय का लेख लेकर 'धर्मयुग' पत्रिका के सम्पादक से मिले तो उनका पत्र व्यंग्य के साथ नामंजूर कर दिया गया। जबकि उनके अपने ज्योतिषी, "पंडित आचार्य राज ने धर्मयुग में 22 सितम्बर 1979 में यह भविष्यवाणी की थी "इंदिरा गांधी कभी भी पावर में नहीं आ सकतीं और कांग्रेस आई का स्थान चौथे या पांचवें नम्बर पर आएगा।" दिग्गज ज्योतिषियों ने सण्डे पत्रिका सितम्बर 9, वर्ष 1979, इंदिरा गांधी की जीत को नकारते हुए भविष्यवाणी कर डाली।

शायद उनमें से एक प्रो. पी.टी. सुन्दरम, जो संजय गांधी की जीत व शक्ति के विषय में कहते थे। उन्होंने कहा कि "चौ. चरण सिंह मार्च 1980 तक प्रधानमंत्री पद पर बने रहेंगे।" श्रीमान एन. रमन, इंजीनियर व ज्योतिष के ज्ञाता ने अपना मत जताया कि इंदिरा गांधी कभी भी अब सत्ता में नहीं आएंगी।

Post REGD. No. GBD-5
Hint Weekly, January 14, 1980 **6**

HINT'S Numer0-Palmist

(From Page 1)

Mr. N Raman, an engineer who's also a serious student of astrology, does not believe that Indira Gandhi will ever become the prime Minister again.

Kaliyur Srinvasachariar who has studied the horoscope of Mrs. Gandhi, believes that she won't come back to power even though she has a powerful horoscope, and wrote 'A broken pearl cnnot be set right and sour milk connot be made right in the same, it is impossible for Mrs. Gandhi to recapture the popularity she enjoyed in ' 71. Some people have certain strength in their horoscope which helps them to gain the lost glory but Mrs. Gandhi ought to be content that she has won back a portion of the popularity she lost in '77 and shouldn't make any more effort to capture power."

Kadalankudi N. Saraswathy promises victory as MP for Indira from the South, "But a stable government only after August 1980.

According to Hyderabad's 'practical astrologer K.M.A. Ayengar, Mrs. Gandhi's horoscope has the basic strength and may look impressive but she won't be captured into power despite her increasing popularity."

Indira has indeed been captured into power. All the 'renowaed. astrologers, who predicted as above in the columns of SUNDAY of Sept. 9, 1979 have been proved hoax.

Three cheers to HINT's Numero-palmist, Shri V.K. Sharma. He stands head and shoulders over the so called well known and professional men. He was among the rare ones who predicted Mrs. Gandhi coming back to-power. She is all powerful and HINT'S Prediction is correct.

कोलयर श्री निवासन ने श्रीमती इंदिरा गांधी की कुण्डली के अध्ययन उपरांत क़हा कि इनकी मजबूत कुण्डली है पर लिखा "एक टूटा मोती जोड़ा नहीं जा सकता और फटा हुआ दूध कभी सिला नहीं जा सकता" वर्ष 1971 वाली ख्याति अब इन्हें पुनः मिलना असंभव है। कुछ लोगों की कुण्डली में किसी हद तक मजबूती होती है, जिसकी मदद से वह खोई ख्याति पुनः प्राप्त कर लेते हैं, श्रीमती गांधी ने वर्ष 1977 में अपनी खोई ख्याति का एक भाग पुनः वापिस प्राप्त कर लिया है, अब उसको सत्ता पाने के अधिक प्रयास नहीं करने चाहिए।

कदलानकुडी एन. सरस्वती ने अगस्त, 1980 के उपरांत साउथ से गांधी की संसद सदस्य के पद पर जीत के विषय में बताया।

हैदराबाद के प्रैक्टिकल ज्योतिषाचार्य के.एम.ए. आयंगर ने बताया कि गांधी की कुण्डली में मजबूती है लेकिन वह अपनी लोकप्रियता के बढ़ते हुए भी पुनः सत्ता में नहीं लौट सकती।

इंदिरा गांधी पुनः सत्ता में लौट आई है। वह सभी दिग्गज ज्योतिषाचार्य जिन्होंने सितम्बर 9, संडे मैग्जीन 1979 में अपनी भविष्यवाणियाँ की थीं, सभी झूठे साबित हुए।

हिण्ट के न्यूमरो पामिस्ट पंडित वी.के. शर्मा को बहुत-बहुत बधाई, उन्होंने सभी प्रोफेशनल ज्योतिषाचार्यों में सर्वश्रेष्ठ स्थान प्राप्त किया है, वह शायद एकमात्र ज्योतिषी थे जिन्होंने श्रीमती इन्दिरा गांधी की पुनः सत्ता में लौटने की भविष्यवाणी की थी। वह इस समय पुनः सत्ता में लौट आई हैं, हिण्ट अखबार की भविष्यवाणी सही निकली।

वर्ष 1985 श्रीमती गांधी के लिए खतरनाकः-

2 मार्च, सन् 1981 में अखबार के मुख्य पृष्ठ पर छपी थी

वर्ष 1985, प्रधानमंत्री श्रीमती इंदिरा गांधी के लिए खतरनाक है विशेष कर के 21 मई से 27 जून के बीच का समय, जो अंक 5 के प्रभाव क्षेत्र में आता है, यह वही अंक है जिसमें पंडित नेहरू की मृत्यु हुई, संजय गांधी की मृत्यु हुई और जिसमें उसने आपातकालीन घोषणा की थी। अंक 5, नेहरू परिवार में शुभ व अशुभ घटनाओं का बहुत महत्त्वपूर्ण सूचक है। वर्ष 1985 में, श्रीमती गांधी 68 से वर्ष से गुजर रही होंगी, 68 - 6+8=14 - 1+4=5, वर्ष 1985 का अंक - 1+9+8+5=23 - 2+3=5, वर्ष 1985 में राजीव गांधी 41, वर्ष से गुजर रहे होंगे - 41 - 4+1=5, इसलिए यह सलाह दी जाती है कि वह राजीव गांधी को वर्ष 1985 में राजनीति में लोगों के बीच ना लाएं, यह उसके

Year 1985 Critical For Mrs. Gandhi

The Year 1985 is critical for Prime Minister, Shrimati Indira Gandhi, particulary the period 21st May to 27th Juen, which comes under the influence of number five. This is the period in which Pt. Nehru died, Sanjay Gandhi died and she Imposed the Emergency.

Number five has been playing an important role in the Nehru family. in 'positive and' negative direction. In 1985, Mrs. Gandhi will be passing through her 68th year : 6+8 = 14 ie. 1+4=5. Last number of the year 1985 1+9+8+5=23 i.e. 2+3=5 In 1985 Rajiv Gandhi will be passing through his 41st yea r : 4+1=5 Thus it is suggested that she should not take any steps to impose Rajiv on people in politics in1985, as that is likely to prove dangerous to her interests. Also notice Pt. Nehru, Born on 14th Nov --1+4+=5; Sanjay Gandhi Born on 23rd December, 2+3=5, Sanjay Gandhi died on 23rd June 2+3=5; Chaudhary Charan Singh who put her behind bars on 23rd December, 2+3=5; Mr. Jagjivan Ram who deceived her at the last moment was born on 23rd April 2+3=5. In 1975, last number of the year is 5, while she was passing through her 58 year 5+8=13 i.e. 1+3=4, when she imposed the Emergency in the month of june which came under the Number five, and there were five parties which came under one flag and brought about her fall.

She again became Prime Minister of India from January14, (1980) : 1+4=5. Number 5 is the dominant factor everywhere.

I Have drawn up a special graph on the life cycle of Smt. Indira Gandhi, In which events favouring her are in the positive field i.e. in the upward Swings of the Curve while disfavouring events are in the negative field i.e. in the downward swings. The calculations are based on the systems of Numbers which is purely mathematical Cal-culations.

The year 1985 falls in the negative field (downward swing) of her life cycle. This is critical for Smt. Gandhi and she must take every possible precaution, particulary during the period 21st. May to 27th June, as already discussed and described by me earlier in this article.

-V.K.SHARMA
(HINT'S Numerologist)

लिए शुभ नहीं होगा।

यह भी देखा गया कि पंडित नेहरू का जन्म 14 नवम्बर को हुआ - 1+4=5 संजय गांधी का जन्म 23 दिसम्बर को हुआ - 2+3=5, संजय गांधी की मौत 23 जून को हुई, 2+3=5, चौधरी चरण सिंह जिसने उसे जेल भिजवाया था, का जन्म 23 दिसम्बर - 2+3=5, श्री जगजीवन राम जिसने ठीक मुसीबत के समय में उसका साथ छोड़ा था, का जन्म 23 अप्रैल - 2+3=5, वर्ष 1975

में अंतिम अंक 5 था जबकि वह उस समय 58.7 वर्ष से गुजर रही थीं जिसका पूरा अंक 59 - 5+9=14 - 1+4=5 है। उसने जून के महीने में आपातकालीन की घोषणा की जो समय 5 अंक के क्षेत्र में आता है और उस समय 5 पार्टियों ने मिलकर उसको हराया था।

वर्ष, 1980 में वह 14 जनवरी को पुनः प्रधानमंत्री बनीं - 1+4=5 इस प्रकार हमने देखा कि 5 अंक हर दशा में महत्त्वपूर्ण साबित हो रहा है।

मैंने श्रीमती इंदिरा गांधी की जिन्दगी का एक विशेष साइकलिक कर्व खींचा है जो कि उनकी शुभ घटनाओं को धनात्मक क्षेत्र व अशुभ घटनाओं को ऋणात्मक क्षेत्र में प्रदर्शित करता है।

यहां गणना पूर्णतया अंकों के गणित पर निकाली गई है। वर्ष 1985 ऋणात्मक क्षेत्र में आता है। यह श्रीमती गांधी के लिए बेहद खतरनाक है, इस समय में उसको हर तरह से पूरी सावधानी बरतनी चाहिए। संभवतः 21 मई से 27 जून के भीतर।

परिणामः-

31 अक्टूबर, वर्ष 1984 को श्रीमती गांधी की हत्या उसके सुरक्षाकर्मी ने ही कर दी। उस समय उसकी आयु 67 वर्ष 11 माह, 20 दिन थी। जो अंक विद्या के अनुसार 68 वर्ष है - 6+8=14 - 1+4=5, और वर्ष 1985 - 1+9+8+5=23 = 5 को आने में शेष दो माह बचे थे।

इस भविष्यवाणी में यह भी कहा गया था, कि राजीव गांधी को राजनीति में लाना उचित नहीं लेकिन श्रीमती गांधी की मृत्यु के बाद राजीव गांधी को प्रधानमंत्री बनाया गया, उनकी भी मौत एक सम्मेलन में बम विस्फोट के दौरान हो गई।

नोट :- 14वीं लोकसभा के चुनावों में जिसका अंक - 1+4=5 है जिसमें राहुल गांधी, जो नेहरू परिवार का 5वां वारिस है। 1. स्वर्गीय मोती लाल नेहरू, 2. स्वर्गीय पं. जवाहर लाल नेहरू, 3. स्वर्गीय श्रीमती इंदिरा गांधी, 4. स्वर्गीय श्री राजीव गांधी, 5. राहुल गांधी।

राहुल गांधी ने 5 अप्रैल, 2004 को अपना नामांकन करके 5 के अंक की आवृत्ति को पुनः हवा दे दी। 5 का अंक इस परिवार के लिए आगे आने वाले समय में क्या करने वाला है, यह समय आने पर भविष्यवाणी होगी।

सद्दाम की भविष्यवाणी

वर्ष 1981 में दिल्ली में हुए विश्व ज्योतिष सम्मेलन में ज्योतिषियों की भविष्यवाणियों को इन्होंने चुनौती दी थी और इनकी लगभग सभी भविष्यवाणियाँ प्रसिद्ध अखबारों में छपी थीं, जो समय आने पर लगभग सब सही सिद्ध हुईं। इनकी भविष्यवाणियों की सबसे बड़ी विशेषता है कि वह पूर्ण रूप से अंकों पर आधारित हैं जो स्वयं में ही एक साइंस हैं और परिणाम सिद्ध करने में सक्षम हैं।

वर्ष 2001 अक्टूबर में उन्होंने उत्तर भारत के प्रसिद्ध अखबार में अंकों के आधार पर विश्व कुण्डली दर्शाते हुए यह भविष्यवाणी की थी कि "अमेरिका पर शनि की साढ़े साती चल रही है जो 6 जनवरी 2000 से प्रारम्भ हुई है। अमेरिका के लिए नुकसानदायक है।" इसी अवधि में अमेरिका के ट्रेड सेंटर पर हमला हुआ आदि।

पंडित शर्मा ने यह भी लिखा था कि शुरू में तो अमेरिका के साथ सभी देश होंगे परंतु बाद में अमेरिका को अधिकतर देशों की मदद नहीं मिलेगी जो कि खाड़ी युद्ध से पूर्व में ही सिद्ध हो गई थी। अधिकतर देश अमेरिका की इस कार्यवाही के पक्ष में नहीं थे।

"खाड़ी युद्ध के दौरान संपादक के पास लोगों के हजारों पत्र प्राप्त हुए कि इस युद्ध के बारे में पंडित जी से कहे कि वह भविष्यवाणी करें।"

पंडित जी ने अंकों के आधार पर भविष्यवाणी कुछ इस प्रकार की, जो अखबार में पुनः छापी गई। उन्होंने लिखा कि अमेरिका के राष्ट्रपति जॉर्ज डब्ल्यू बुश की जन्म की दिनांक है, 6.7.1946, इंग्लैंड के प्रधानमंत्री टोनी ब्लेयर की 6.5.1953 और सद्दाम हुसैन की 28.4.1937, बुश एवं ब्लेयर का 'की' अंक है 6 एवं सद्दाम का है-1, जिनमें आपस में विषयोग है, दूसरा सद्दाम हुसैन की आयु है (2003-1937 = 66) (खाड़ी युद्ध के दौरान चल रही थी), 66 वर्ष में एक 6 है बुश और दूसरा 6 है ब्लेयर, यही इसकी मौत का कारण बनेंगे लेकिन यदि सद्दाम 28 अप्रैल पार कर गए तो आयु हो जाएगी 67, तब खतरा टल जाएगा। 28 अप्रैल के बाद युद्ध समाप्त हो गया, सद्दाम हुसैन बच निकले लेकिन वर्ष 2006 में पुनः 6 के अंक ने अपना असर दिखाया और सद्दाम की मौत का कारण बन गया।

4 | Friday, May 31, 2002
HT Ghaziabad Live

HAPPE

A foreteller of facts within fiction

Atul Mathur

SCIENTISTS MAY reject it, but those practising it claim it to be a science. The fact is astrology, numerology and palmistry have a large number of believers. For many, the stars and lines offer professional sustenance, and earn them name. Pandit V K Sharma is one of them.

Famous for his accurate predictions, Pandit Sharma is a numero-astro-palmist. A resident of Ramkrishna Colony, he has developed his own science called Graphotology, which is a numerological analysis of one's life. Pandit Sharma has put in a number of years to develop his new "science" and claims tremendous success record. "Though I was not invited, I did my study and predicted that there would be no world war in 1984. Similarly, I also predicted Maneka Gandhi's little political rise and the decline of Nehru family soon. The time proved me right," says Pandit Sharma. He also read the imminent danger to Indira Gandhi's life. "She was faced with possible death during late 1984 or early 1985", he said. Events vindicated his prediction.

His took up numerology and astrology during 1969-70 when he was hardly 19. In the past 30 years, Pandit Sharma claims he has done tremendous study and experiments. Based on the knowledge he has acquired, he feels a time may come when medicines may not be required to treat a patient.

"Ours is a solar-based system. When we fall ill, we take solar energy in the form of medicines, fruits and vegetables. These are just mediums. In future we can take this solar energy directly. For example, earlier telephones, as a medium, used cables. Now we have cordless, mobile and satellite phones. That means the medium of wires has been done away with," he argues.

Pandit Sharma claims most of his predictions have come true.

Pandit Sharma has written a book, Magic Numbers. Three more books, Tuning of the Hand, Tuning of the Lines, and Dermatoglyphics, are ready and may hit the stands very soon.

विश्व कुंडली

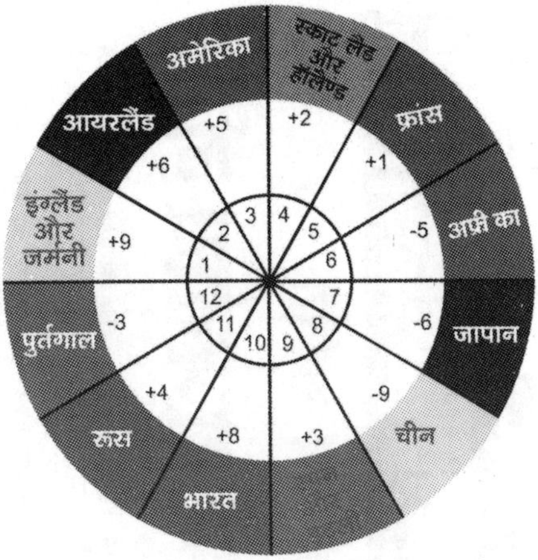

भारतीय ज्योतिषशास्त्रियों में भी इराक युद्ध और उसके परिणामों को लेकर कौतूहल बना हुआ है। ज्ञात हो कि अफगानिस्तान में तालिबान के खिलाफ अमेरिकी सैनिक कारवाई के दौरान प्रसिद्ध ज्योतिष विज्ञानी पं. वी. के. शर्मा ने हिन्दी में भविष्यवाणी की थी जो बाद में शत-प्रतिशत सच साबित हुई।

पंडित शर्मा ने कहा था कि विश्व की सांख्यिकीय कुण्डली जोडियक पर खड़ी है जिसमें अमेरिका का स्थान+5 पर है तथा वह मिथुन (जेमिनी) राशि में स्थित है जबकि भारत का नंबर+8 पर स्थित है। भारत की राशि मकर (केप्रीकार्न) है। इस अवधि (सितम्बर 21 - अक्टूबर 21, 2001) में शनि आठवें स्थान पर स्थित है, इसलिए इस अवधि में भारत और अमेरिका के रिश्ते मधुर होगें लेकिन इस अवधि के बीत जाने के बाद अमेरिका भारत के हितों को नजरअंदाज करना शुरू कर देगा। इसी प्रकार अमेरिका इस अवधि में साढ़े साती वर्ष में शनि दिशा से गुजर रहा है। शनि अमेरिका की राशि मिथुन के दूसरे घर में विद्यमान है और वृष 16 अंश की दिशा से शनि की ओर बढ़ रहा है इसलिए इस कारवाई में अमेरिका को मन वांछित उद्देश्य प्राप्त करने में काफी कठिनाई होगी। संभव है कि अमेरिका अपने मकसद को हासिल करने में नाकाम रहे।

5

हिन्ट

गाजियाबाद, नोएडा, ग्रेटर नोएडा, मेरठ, मोदीनगर, हापुड़, बुलंदशहर व दिल्ली में सर्वाधिक प्रसारित

अंक—337 गाजियाबाद—शनिवार, 16 मई, 2009

हिन्ट की सभी भविष्यवाणियां हुई सच साबित

केन्द्र में कांग्रेस, गाजियाबाद में राजनाथ जीते

'नाइन' बनाएगा कांग्रेस की सरकार

गाजियाबाद, २१ अप्रैल। कांग्रेस को वर्ष 2009 के लोकसभा चुनावों में उम्मीद से कहीं ज्यादा सफलता मिलेगी। ज्योतिषीय गणना के मुताबिक 15वीं लोकसभा में कांग्रेस सोनिया गांधी के नेतृत्व में अप्रत्याशित सफलता हासिल करेगी यह कहना है ज्योतिषाचार्य, वास्तुशास्त्री एवं अंक ज्योतिष विशेषज्ञ पंडित वीके शर्मा का। हिन्ट से एक विशेष मुलाक़ात में पंडित वीके शर्मा ने दावा किया कि केन्द्र में फिर से कांग्रेस के नेतृत्व में सरकार बनेगी और अपेक्षा से कहीं अधिक सकारात्मक परिणाम कांग्रेस के पक्ष में आएंगे। अपने दावे की पुष्टि के संबंध में पंडित वीके शर्मा ने कहा कि सोनिया गांधी की कुंडली में चंद्र का अंक राजयोग बना रहा है जिस कारण सफलता मिलनी तय है। सोनिया गांधी की जन्म तिथि है 9-12-1946 अंक ज्योतिष के अनुसार इनका 'की' अंक 9 है। वर्ष 2009 के अंकों का योग 11 है 1+1=2 का अंक चन्द का अंक है जो कांग्रेस अध्यक्षा को सफलता दिलाएगा।

गाजियाबाद (हिन्ट)। "केंद्र में इस बार कांग्रेस की सरकार बनेगी" और "गाजियाबाद की संसदीय सीट पर राजनाथ सिंह की जीत होगी" हिन्ट द्वारा की गई ये दोनों भविष्यवाणियां एक दम ठीक निकली। २१ अप्रैल २००९ के अंक में प्रथम पृष्ठ पर हिन्ट के साथ तीन दशक से जुड़े सुप्रसिद्ध ज्योतिषाचार्य व अंकशास्त्री पंडित वीके शर्मा ने अंकों के आधार पर भविष्यवाणी की थी कि इस बार कांग्रेस को अपेक्षा से अधिक सीटे मिलेंगी और वो केंद्र में अपने नेतृत्व में सरकार बनाएगी। एक माह पूर्व स्पष्ट शब्दों में की गई हिन्ट की यह भविष्यवाणी हू-ब-हू ठीक निकली। जिसे हम दोबारा प्रकाशित कर रहे हैं। इसी तरह हिन्ट ने अपने समाचारों और चर्चा -ए-चुनाव कॉलम में साफ शब्दों में कई बार कहा कि राजनाथ सिंह ही गाजियाबाद के नए सांसद होंगे और उनकी जीत निश्चित है। हिन्ट ने अपने आंकलन में जीत का अंतर जितना आंका था उतने से ही उनकी जीत हुई।

डायमंड बुक्स की ज्योतिष पर प्रमुख पुस्तकें

अंकों का चमत्कार

पंडित वी.के.शर्मा

मूल्यः 150/-

यह पुस्तक पं.वी.के.शर्मा जी ने 35 वर्षों के गहन अध्ययन व शोधकार्य के उपरांत लिखी है। इस पुस्तक में लेखक ने नए तकनीकी विज्ञान 'ग्राफिक्स' के आधार पर वर्षों पूर्व भविष्यवाणियां कर इन्हें सिद्ध कर दिखाया है। इस पुस्तक को पढ़कर आप अपने जन्म का अंक मिलाकर अपने भाग्यशाली वर्ष, रंग, धातु, विश्व के भाग्यशाली देश, दिशा, रत्न, बीमारियां, भाग्यशाली वेशभूषा, शुभ एवं अशुभ अंक, माह व वर्षों की जानकारी प्राप्त कर सकते हैं।

चमत्कारी ज्योतिष

पंडित वी.के.शर्मा

इस पुस्तक में लेखक ने नक्षत्रों, ग्रहों राशियों के प्रभाव को मनुष्य के शरीर पर होने वाले प्रभाव को आधुनिक चित्रों द्वारा दर्शाया है। यह पुस्तक आपको दान, लेन-देन के घातक परिणामों से भी अवगत कराती है। इसमें रावण के ज्योतिष का विशेष वर्णन किया गया है जिसमें कुंडली के ग्रहों को एक स्थान से दूसरे स्थान तक स्थापित किया जाता है। इसमें सभी प्रकार की समस्याओं के चमत्कारी उपाय भी बताए गए हैं।

मूल्यः 150/-

चमत्कारी वास्तु

पंडित वी.के.शर्मा

मूल्यः 125/-

यह वास्तुशास्त्र में रुचि रखने वालों के लिए बहुत उपयोगी पुस्तक है। इसमें वास्तु-नियमों के अनुसार भवन के प्रयोग व भवन के अन्दर-बाहर की साज-सज्जा का विशेष वर्णन किया गया है। इसे पढ़कर आप दोषपूर्ण भूखण्डों व भवनों के वास्तु दोष दूर करने के उपाय जान सकते हैं।

चमत्कारी हस्तरेखा

पंडित वी.के.शर्मा

यह पुस्तक पंडित वी.के.शर्मा द्वारा लिखित अंग्रेजी पुस्तक 'आकल्ट लाइंस ऑन दि हैंड' का हिन्दी अनुवाद है। यह हस्तरेखा विज्ञान की कंप्यूटराइज्ड पुस्तक है, जिसमें लगभग 500 से भी अधिक चित्रों और उदाहरण द्वारा सभी प्रकार की घटित एवं घटने वाली घटनाओं की पूर्ण जानकारी दी गई है। अपने हाथ की रेखाएं पुस्तक में दिए गए चित्रों से मिलाइए और भविष्य में होने वाली धन, आयु, विवाह, प्रसिद्धि, कारोबार, स्वास्थ्य, विदेश-यात्राएं आदि से जुड़ी घटनाओं को जानिए।

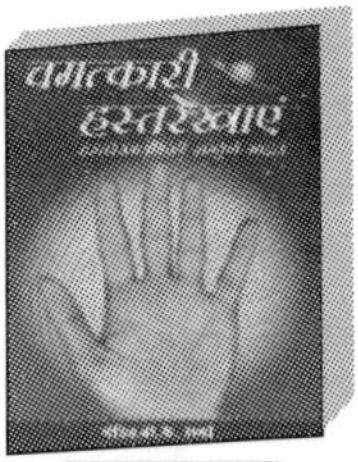

मूल्यः 150/-

डायमंड बुक्स X-30, ओखला इंडस्ट्रियल एरिया, फेज-2, नई दिल्ली-110020 फोन नं. 41611861-66, 40712100, फेक्सः 011-41611866, ईमेल : Sales@dpb.in, Website: www.dpb.in